Manfred Kaderli
Franziska Bertschy
Jacques Studer
Manfred Zbinden

Geländespiele

Manfred Kaderli
Franziska Bertschy
Jacques Studer
Manfred Zbinden

Geländespiele

Spielprojekte für

Stadt, Wald und Wiese

rex verlag luzern stuttgart

Impressum

Die Deutsche Bibliothek - CIP-Einheitsaufnahme

Kaderli, Manfred:
Geländespiele: Spielprojekte für Stadt, Wald und Wiese /
Manfred Kaderli und Team. - Luzern ; Stuttgart :
Rex-Verl., 1997
ISBN 3-7252-0656-2

2. Auflage 1998
© 1997 by **rex** verlag luzern stuttgart
Fotos Umschlag: Benno Bühlmann, Luzern
Umschlaggestaltung: Urs Holzgang, Rickenbach
Fotos Inhalt: Manfred Kaderli, Düdingen
Illustrationen: Jacques Studer, Düdingen
Satz und Gestaltung: Manfred Kaderli, Düdingen
Litho Umschlag: Photolitho AG, Gossau ZH
Gesamtherstellung: Ebner Ulm
ISBN 3-7252-0656-2

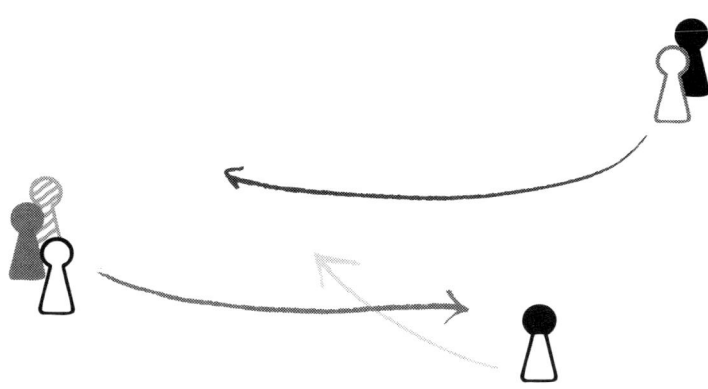

Inhalt

Einleitung

Vorwort

Geländespiele sind fester Bestandteil vieler Ferienlagerprogramme. Ihre Planung stellt immer wieder eine Herausforderung dar. Viele Faktoren entscheiden über das Gelingen eines Geländespiels. Die Spielanlage darf nicht zu kompliziert sein und muss doch Spannung und Wettbewerb aufkommen lassen. Gelände, Jahreszeit, Wetter – um nur einige Stichworte zu nennen – sind Rahmenbedingungen, die in der Spielanlage berücksichtigt werden müssen. Und nicht zuletzt sind Geländespiele auf die Spielenden abzustimmen. Allzu oft werden Geländespiele von Kindern als organisierte Raufereien erlebt, ohne dass die Spielleitung dies bemerkt. Denn ob es allen Beteiligten an der beschriebenen „Schlacht" auf der kommenden Seite so gut gefiel wie der schreibenden Person, ist zu bezweifeln ...

Das vorliegende Buch ist ein umfassendes Hilfsmittel zum Thema Geländespiele. Es ist aber auch ein spezielles Hilfsmittel, denn der Autorin und den Autoren sind gewaltfreie Spiele besonders wichtig. In einer Zeit, in der viel über Gewalt zwischen Jugendlichen diskutiert wird, sollen in der praktischen Arbeit mit Kindern und Jugendlichen entsprechende Akzente gesetzt werden. Der alte „Bändelikampf" fehlt daher in diesem Buch genauso wie eine Anleitung zur Inszenierung intergalaktischer Monsterkriege. Geländespiele in unserem Sinn sind lust- und leistungsbetonte Spiele voller Taktik, die im und mit dem Gelände gespielt werden.

Die Spiele sollten gewaltpräventive Elemente enthalten oder gar der Erziehung zur Gewaltlosigkeit hin dienen.

Wir danken der Autorin und den Autoren dieses einmaligen Hilfsmittels für ihren grossen Einsatz und ihre Spielfreude.
Dass Sie, liebe Leserinnen und Leser, und die Teilnehmenden Ihres Lagers sich von dieser Spielfreude anstecken lassen, wünschen Ihnen die

Bundesleitungen Blauring & Jungwacht.

Lagerpost-Beitrag aus der Tageszeitung „Freiburger Nachrichten"
3. August 1995

„ ... Nach dem sportlichen Vergnügen am Morgen gab es ein leckeres und stärkendes Mittagessen, denn wir mussten alle fit sein für das Geländespiel am Nachmittag. Als die Ämtchen erledigt waren, besammelten sich alle, um richtig „loszufighten". Zuerst kam die obligatorische Kampfbemalung an die Reihe. Als diese fertig war, machten wir uns auf den Weg. Nachdem alle das Spiel ungefähr verstanden hatten, ging's los. Schon fünf Minuten später kamen die ersten Verletzten, und schliesslich musste das Spiel abgebrochen werden, weil es zu kämpferisch geworden war ... Als wir wieder auf dem Zeltplatz waren, sprangen alle in den Fluss und versuchten, ihre Kampffarbe abzuwaschen. .... "

Übersicht der Symbole

 Einleitung in das Geländespiel oder in die Spielgeschichte

 Meldungen oder Informationen

 Spielbeginn und -ende

 Spuren

 Gruppenbildung

 Aufgaben lösen

 Erkennungszeichen für Gruppen

 Versöhnungsfeiern am Schluss des Spieles

 Dynamische Ereignisse

 Schatzideen

 Leben und Fangen

 Bewertungen

 Begegnungen und Duelle

Zum Buch

Das vorliegende Buch entstand aus dem Bedürfnis heraus, über eine Sammlung von verschiedensten Geländespielen zu verfügen, welche in der Kinder-/Jugendarbeit und in der Schule eingesetzt werden können. Mit diesem Buch wollen wir eine Lücke schliessen, da heute kein aktuelles Hilfsmittel zur Verfügung steht, das sich ausführlich mit diesem Thema befasst.

Um falschen Erwartungen und Missverständnissen vorzubeugen, möchten wir an dieser Stelle kurz erläutern, was wir unter Geländespielen verstehen.
Geländespiele, wie sie in diesem Buch vorgestellt werden, dauern im Allgemeinen eine bis drei Stunden. Wie der Name bereits sagt, wird im Wald, auf der Wiese, in einer Stadt oder in einem Dorf gespielt. Gruppenweise muss ein Ziel erreicht werden, wobei die Gruppen je nachdem mit befreundeten oder gegnerischen Gruppen im Spiel konfrontiert werden. Dabei bringen Taktik und Strategie Spannung ins Spiel, da sich immer wieder neue Situationen ergeben, auf welche die Gruppen reagieren müssen. Das Spiel ist meistens geprägt von einer Rahmenhandlung, welche die verschiedenen Elemente spielerisch miteinander verbindet.

Das Buch vermittelt erste Impulse und neue Ideen, stellt aber auch konkret ausgearbeitete Geländespielprojekte vor. Es ist so aufgebaut, dass es nicht von der ers-

ten bis zur letzten Seite durchgelesen werden muss. Es spricht Personen an, die erst wenige Erfahrungen mit Geländespielen haben und solche, die nach neuen Ideen und Kombinationen Ausschau halten.

Die verschiedenen Teile des Buches werden unterschiedlichen Bedürfnissen gerecht:

→ Der **methodische Teil** leistet Hilfestellungen bei der Vorbereitung eines Geländespiels. Anhand von grundsätzlichen Aspekten wie Vorbereitung, Gewalt, Umweltverträglichkeit oder Sicherheit sollen Sinn und Unsinn von Geländespielen aufgezeigt werden.

→ Der **Spielbaukasten** setzt Erfahrungen mit Geländespielen voraus. Er stellt Grundformen und Elemente vor und ermöglicht beliebige Kombinationen von bekannten und neuen Formen.

→ Noch konkreter wird es mit den **Spielprojekten** im dritten Teil, wo eine Sammlung von über 40 bewährten Spielen zur Verfügung steht. Diese Spiele können direkt übernommen oder mit Hilfe des Spielbaukastens und viel Phantasie beliebig abgeändert werden.

→ Das **Buchzeichen** soll einen Überblick vermitteln, welche Punkte bei der Vorbereitung von Geländespielen beachtet werden sollen. Ausführliche Informationen zu diesen Themen sind im methodischen Teil zu finden.

Einem Bedürfnis kann das Buch nicht gerecht werden; dem Anspruch nach männer- *und* frauengerechten Geländespielen. Viele Spielprojekte sind männlich geprägt, weil sie stark in Verbindung mit traditioneller Jungenarbeit stehen. So finden sich in den Spielen viele männliche Rollenmuster wie Goldgräber, Spione, Agenten, Indianer oder Detektive. Um diesen Mangel aufzuheben, genügt es nicht, aus einem Indianer eine Indianerin zu machen. Vielmehr müssen neue Geländespiele mit einem feministischen Hintergrund geschrieben werden. Dieses Buch ist eine Spielprojektsammlung, in der wenigstens versucht wurde, einen sinnvollen Ausgleich zu männlichen Rollenmustern zu schaffen.

Wir wünschen viel Spass beim Ausprobieren und Spielen!

Franziska Bertschy, Jacques Studer, Manfred Kaderli und Manfred Zbinden

Methodischer Teil

Vorbereitung

Warum ein Geländespiel, warum nicht ein Turnier? Wieso wähle ich diese Spielanordnung und nicht eine andere? Was sind die Ziele? Worin besteht der Sinn des Geländespiels? Diesen und ähnlichen Fragen muss sich eine Spielleitung während der Vorbereitung stellen. Die Auseinandersetzung mit der Sinnfrage kann leicht umgangen werden, zum Beispiel mit der Antwort „Es macht Spass, es gefällt den Kindern". Gefällt es wirklich allen, was ist überhaupt Spass und welches sind die Voraussetzungen für gute Erlebnisse?

Es gibt keine auf alle Fragen zutreffenden Antworten, darum sollen an dieser Stelle auch keine gedruckt werden. Antworten auf Sinn und Zweck eines Geländespiels sind von den Umständen abhängig und darum individuell von jeder Spielleitung zu bestimmen.

Unendlich viele Kombinationen von Grundformen und Spielelementen lassen immer wieder neue, spannende, gewaltfreie, naturbezogene, sportliche, taktisch anspruchsvolle und spielerische Geländespiele entstehen – Geländespiele, die den Teilnehmenden positive Erlebnisse vermitteln. Die folgenden Seiten sollen ein Hilfsmittel zur Vorbereitung solcher Geländespiele sein.

Ideensuche

Die Vorbereitung eines Geländespiels ist ein kreativer Prozess und der Phantasie sind fast keine Grenzen gesetzt. Dies verleiht der Entwicklung dieser Spiele einen besonderen Reiz.

Am Anfang steht eine Idee. Manchmal ergibt sie sich intuitiv, oft ist die Suche aber eine harte Nuss. Gute Ausgangslagen für eine zündende Idee sind Märchen und Sagen, ein Krimi, Kinofilme oder Comics. Als Grundlage kann ein Brett- oder Kartenspiel dienen oder die Idee kann sich ganz einfach aus dem Lagerthema ergeben.

Rahmenbedingungen festlegen

Vor der eigentlichen Spielentwicklung werden die Rahmenbedingungen festgehalten:

* *Nacht oder Tag*
* *zeitlicher Rahmen*
* *Geländebedingungen*
* *Alter und Anzahl der Teilnehmenden*

Altersgerechte Aufgaben sind eine wichtige Anforderung an ein Geländespiel. So ist beispielsweise von Koordinaten als Informationen bei Kindern abzuraten. Die Regeln sollen einfach sein, zu viele Regeln können das Spiel lähmen. Für Kinder muss die Spielerklärung bildhaft umgesetzt werden.

Wichtig ist auch die Einbettung in den Tages- oder Wochenrhythmus. Nach einem anstrengenden Tag ist eher ein ruhiges Nachtgeländespiel angebracht und ein kreativ-handwerklicher Tag verlangt nach einer Abwechslung, die dem Bewegungsdrang der Teilnehmenden entgegenkommt.

Bestimmen der Elemente

In einem weiteren Schritt werden die Elemente definiert, die das Spiel prägen. Diese müssen einerseits aufeinander und andererseits auf die Spielverpackung abgestimmt werden. Wichtige Hinweise zu den Spielelementen befinden sich ab Seite 36.

Einstieg

Der Einstieg soll gut überlegt sein. Das Ziel ist es, die Teilnehmenden auf das Spiel einzustimmen und Spannung zu erzeugen. Gerade hier kommt die Verpackung voll zum Tragen: Erzählen einer Geschichte, ein Kurztheater vorspielen oder gemeinsam einen Gegenstand zusammensetzen, der die Spielgeschichte preisgibt.

Spielerklärung

Die Spielerklärung soll gut geplant und durchdacht werden. Klare und einfache Regeln sind ein wichtiger Beitrag der Spielleitung. Je besser die Teilnehmenden das Spiel verstehen, umso aktiver können sie mitspielen. Vor dem Spiel sollen alle Fragen beantwortet und das Ziel allen klar sein. Am besten wird das Spiel zweimal

von verschiedenen Standpunkten (Angreiferin - Verteidiger) oder vom Anfang und Ende her erklärt. Gut eignet sich die Erläuterung anhand eines Plakates, auf dem das Prinzip bildhaft vermittelt wird. Um die Vollständigkeit und Verständlichkeit zu überprüfen, kann das Spiel in einem Probelauf einer anderen Person erklärt werden. Für die Spielerklärung muss unbedingt genügend Zeit eingeplant werden.

Spielregeln

Jedes Geländespiel soll Freiräume für die Eigeninitiative der Teilnehmenden lassen. Es sind Freiräume, die von der Spielleitung eingeplant und durch Regeln begrenzt werden. Ein Spiel wird interessant, wenn jede Person genau informiert ist und auf das Spiel Einfluss nehmen kann, aber weiss, wo die Grenzen sind. Diese Grenzen erlauben fair miteinander zu spielen. Kinder und Jugendliche wollen persönlich etwas leisten, sie wollen miteinander planen, Lösungen besprechen und „Heldentaten" vollbringen. Ein gutes Geländespiel erlaubt den Mitspielenden solche Freiräume.

Die Spielenden sollen Regeln nicht nur kennen, sondern auch verstehen. Bei der Vermittlung der Spielregeln wird also darauf geachtet, dass jeweils auch der Sinn hinter den Regeln erkennbar wird. Zum Beispiel entscheidet die Spielleitung nicht willkürlich, dass alle gute Schuhe tragen sollen. Den Spielenden wird erklärt, dass so Misstritten vorgebeugt werden kann. Spielregeln, welche zur Sicherheit der Teilnehmenden aufgestellt werden, müssen als solche erkennbar sein.

Regeln dürfen niemanden aus dem Spiel ausschliessen. Wenn jemand in einem Spiel kein „Leben" mehr hat, muss diese Person die Möglichkeit haben, neue zu erwerben oder zu gewinnen.

Gruppenbildung

Die Zusammensetzung einer Spielgruppe ist sehr unterschiedlich: Es gibt stärkere und schwächere, grössere und kleinere, ältere und jüngere Mitspielende und allen soll gerecht werden. Ein Geländespiel spricht die verschiedenen Stärken der Spielenden an (schnell laufen, anschleichen, Buchstaben kombinieren, Kreuzworträtsel herausfinden, kochen, Gruppenplatz bewachen, ...).

Besondere Überlegungen gelten der Spielgruppeneinteilung. Haben alle Gruppen die gleichen Rechte? Sind die Privilegien ausgeglichen? Andernfalls muss sich die Gruppengrösse wahrscheinlich den Privilegien anpassen. Eine andere Möglichkeit besteht darin, dynamische Elemente einzubauen. Dies können beispielsweise Leitungspersonen oder Mitspielende mit Jokerfunktion sein, die das Spiel so beeinflussen können, dass es ausgeglichener wird (siehe auch Seite 38).

Eine wichtige Voraussetzung zur Eigeninitiative ist die Identifikation mit dem Spiel. In einem Geländespiel schlüpfen die Spielenden in eine Rolle. Diese Rollenübernahme fällt umso leichter, je krea-

tiver das Spiel verpackt und den Teilnehmenden angeboten wird. Die Rollenübernahme muss allerdings mit dem Bewusstsein geschehen, dass sich die Teilnehmenden in ein Spiel hineingeben. Eine „Kinderentführung" ist deshalb bestimmt nicht sinnvoll, da gerade Kinder kaum mehr zwischen Spiel und Wirklichkeit unterscheiden können. Ein Spiel wird unter diesen Umständen nicht zum Erlebnis, kann aber zum Trauma oder zumindest gefährlich werden.

Bei gewissen Spielen ist es ratsam, die Gruppenbildung der Spielerklärung vorzuziehen. Die einzelnen Aufgaben und Rollen können so besser aufgenommen werden.

Spielleitung

Die Spielleitung soll das Spiel aktiv beobachten, den Überblick behalten und Schwierigkeiten voraussehen, denn mit der Spieldynamik kann Unvorhergesehenes eintreten. Es kann sein, dass die Spielleitung als Schiedsgericht eingreifen muss.

Eine Person der Spielleitung sollte sich an einem zentralen Ort aufhalten, der allen Spielenden bekannt ist und als Anlaufstelle benützt werden kann. An diesem Ort befindet sich auch eine Notfallapotheke. Es ist nicht ratsam selbst mitzuspielen. Die Spielleitung kann sich aber verkleiden und eine besondere Rolle im Spiel übernehmen.

Manchmal braucht es auch den Mut zum Spielabbruch. Je nachdem ist es möglich, mit den Mitspielenden die Lage zu besprechen, die Regeln oder einzelne Elemente zu ändern und wieder anzufangen. Dies erfordert aber viel Erfahrung seitens der Spielleitung und eine gewisse Reife der Teilnehmenden.

Ein Geländespiel ist in erster Linie für die Spielenden da. Es muss vermieden werden, dass die Spielleitung vor sich ein Brettspiel wähnt und die Mitspielenden wie Schachfiguren bewegt. Allgemein gilt die Regel, je mehr Aktivität auf der Leitungsebene, desto mehr Passivität bei den Teilnehmenden.

Spielgelände

Zumindest der Spielleitung muss das Gelände vor dem Spiel bekannt sein. Das Rekognoszieren (Auskundschaften) ist also unerlässlich. Bei dieser Gelegenheit muss je nach Ort die Bauernfamilie oder die Forstverwaltung informiert werden. Bei gewissen Spielen, in diesem Buch zum Beispiel bei „Raketenjagd" oder „Hör- und Sichtbare", lohnt es sich, wenn auch die Teilnehmenden das Gelände gut kennen.

Zum Abstecken des Spielfeldes, zum Verstecken des Schatzes oder Ausstecken der Posten muss genügend Zeit eingeplant werden. Häufig wird diese Zeit unterschätzt. Gerade das Bestimmen des Spielfeldes ist zentral in einem Geländespiel. Da es vom Gelände, der Anzahl und dem

Alter der Spielenden abhängt, muss die Grösse geschätzt werden. Nur um das Spiel zu verlängern, dürfen die Distanzen nicht einfach grösser gewählt werden. Dies hemmt den Spielfluss und macht das Spiel nicht gerade spannender. Hin und wieder kann es zu Überraschungen führen, wenn ein Posten oder der Schatz zwar ausgesteckt wurde, aber im Spiel einfach nicht mehr gefunden wird, weil ihn jemand entfernt hat. Das Beschriften der Posten kurz vor dem Spiel, mit der Angabe von wem und wann der Posten gebraucht wird, kann für Abhilfe sorgen.

Spieldauer

Ein Geländespiel kann eine knappe Stunde bis mehrere Tage dauern. In einem mehrtägigen Spiel müssen sich ruhigere und aktivere Momente abwechseln. Trotzdem darf das Spiel nicht an Spannung verlieren. Es empfiehlt sich Zwischenentscheidungen zu verkünden und die Resultate entsprechend zu belohnen.

Schlusspunkt

Die Gestaltung des Schlusspunktes erlaubt den Spielenden, von ihrer Rolle Abstand zu nehmen. Die Spannung löst sich. Zum Schluss eine Süssspeise, das Ende der Geschichte oder ein Fackelzug nach Hause hilft, den Wettbewerbsgeist der Spielgruppen aufzufangen und zu dämpfen. Nicht der Sieg soll im Vordergrund stehen, sondern das gemeinsame Erlebnis.

Verpackung

Die Verpackung ist für Geländespiele nicht nur das Tüpfchen auf dem i. Ein Geländespiel lebt von seiner Atmosphäre (mysteriöse Fotogeschichte, schminken und verkleiden, Hexen, Römerinnen, Indianer, Goldsucher, Forscherinnen). Auch das Spielmaterial soll einen Bezug zur Verpackung haben. So wird ein Fläschchen mit Orangensaft zum Zaubertrank oder aus einer gewöhnlichen Kiste eine geheimnisvolle Schatztruhe.

Letzter Check

Am Ende der Vorbereitung wird in Gedanken nochmals alles durchgespielt, allfällige Schwierigkeiten noch ausgemerzt. Für beide, Spielleitung und Teilnehmende, soll der Sinn eines Geländespiels klar ersichtlich sein. Beide sollen sich gleichermassen auf das Spiel freuen können.
Zu den Schlussüberlegungen gehört auch das Erstellen einer Materialliste, inklusive Apotheke, und die Aufgabenverteilung.

Die Spielleitung soll sich immer Rechenschaft über das Spiel ablegen und selbstkritisch bleiben. Bester Garant für ein gutes Geländespiel sind die eigene Begeisterung und Überzeugung.

Fair zur Natur

Die meisten Geländespiele werden im Wald oder auf einer Wiese durchgeführt. Diese Form von Spielen erlaubt den Teilnehmenden die Natur spielerisch zu erleben. Ungezwungen und unbewusst kann die Natur entdeckt werden: Geräuschen lauschen, beobachten, einmal kreuz und quer durch einen Wald streifen. Erlebnisse, welche die Sinne voll beanspruchen und einen lustvollen Zugang zur Natur ermöglichen. Erfahrungen in und mit der Natur sind sehr wichtig, denn wir erleben uns so als Teil von Lebensräumen. Geländespiele sind aber auch Eingriffe in die Natur, auch dann, wenn eine Gruppe durch den Wald schleicht. Durch die Spielhektik und -dynamik kann es zu Störungen der Pflanzen- und Tierwelt kommen. Das kann oft vermindert werden, wenn die Spielleitung die Teilnehmenden darauf aufmerksam macht.

Einige Hinweise für ein umweltgerechtes Geländespiel:

- In Naturschutzgebieten dürfen keine Geländespiele durchgeführt werden.
- Rinde der Bäume nicht verletzen, keine Äste abbrechen.
- Tiere beobachten, aber nicht stören.
- Vorsicht mit Feuer: Keine neuen Feuerstellen, jedes Feuer sorgfältig löschen.
- Keine Abfälle hinterlassen, Markierband und Posten einsammeln.
- Zauntore immer schliessen, keine Zäune einreissen, gegebenenfalls Absprache mit der Bauernfamilie.
- Nicht im hohen Gras oder durch bebautes Ackerland laufen.
- Keine Autos in Geländespielen einsetzen.
- Keine Posten bei Ameisenhaufen setzen.
- Sinnvoller Einsatz von „special effects" wie Feuerwerkskörper.
- Keine Sprayfarben benützen.
- Zur Brutzeit (April - Juni) Geländespiele im Unterholz vermeiden.

Aggressionen und Gewalt

Gewalt in Geländespielen

„... schliesslich musste das Spiel abgebrochen werden, weil es zu kämpferisch geworden war ..."

So erging es den Kindern in einem Lager, als das Geländespiel durchgeführt wurde. Das Spiel fand sein Ende, weil es in Gewalt ausartete. Dieser Entscheid war das Richtige in dieser Situation. Die Aufgabe der Spielleitung ist es aber, zusammen mit den Teilnehmenden gewaltfreie Spiele zu ermöglichen. Geländespiele sind nicht dazu da, Gewalt auszuleben. Es ist wichtig, eine Grenze zwischen gesunder Aggressivität und roher Gewalt zu ziehen, denn diese beiden Begriffe unterscheiden sich grundsätzlich. Was unter „gesund" und „roh" zu verstehen ist und wo die Grenze verläuft, erfordert immer wieder eine Auseinandersetzung mit dem Thema Gewalt. Die folgenden Ausführungen sollen Anstösse dazu sein.

Die Grundlage und zugleich Forderungen an jedes Geländespiel sind:

Gruppenleistung vor Einzelleistung
Taktik und Strategie vor Kampf

Teilnehmende eines Geländespiels werden oft destruktiv und passiv, wenn sie von Gewalt betroffen sind. Diese zwei Faktoren wirken sich vernichtend auf ein Spiel aus. Gewaltfördernd kann eine übertriebene Identifikation mit einer bestimmten Rolle sein. Bei der Wahl der Gruppennamen können die Eigenschaften dieser Rolle negativ oder positiv besetzt werden. Wenn die Spielleitung noch zusätzlich „einheizt", sind die Voraussetzungen für Angst, Gewalt und Kampf vorhanden. Kinder und Jugendliche erleben Geländespiele nicht auf die gleiche Art wie Leitungspersonen. Was von den leitenden Personen als kleines Handgemenge bezeichnet wird, kann bei den Teilnehmenden Angst auslösen. Im Gegensatz dazu fühlt sich eine Leitungsperson vielleicht verpflichtet einzugreifen bei einem „Ringkampf". Die „Streithähne" ihrerseits sind ganz überrascht und finden es nicht der Rede wert. Gerade dieser Aspekt erfordert sehr viel Einfühlungsvermögen von der Spielleitung.

Gewaltfreie Geländespiele

Die Teilnehmenden sollen nicht Opfer des Spieles werden. Gewaltfreie Geländespiele sind Spiele, in denen sich alle entfalten können, denn im Mittelpunkt stehen Zusammenarbeit, Freude, Wettbewerbsgeist, Grenzen kennen lernen und Fairplay. Das Spielerlebnis und das Wohlbefinden jedes und jeder Einzelnen stehen im Vordergrund.

Was die Spielleitung beitragen kann:

⟹ Die Spielleitung muss eine vorbildliche Haltung beziehen, ohne utopische „Heile Welt"–Vorstellungen. Die Teilnehmenden brauchen dies als Orientierung. Jede Leiterin und jeder Leiter muss die Spielidee und die Regeln vertreten können. Dies greift natürlich über das Geländespiel hinaus und betrifft das ganze Gruppenleben.

⟹ Leiter und Leiterinnen sind Vorbilder: Wie streiten sie untereinander? Werden Konflikte ignoriert oder offen diskutiert? Die Art, wie die Konflikte gelöst werden, macht ein Leitungsteam glaubwürdig.

⟹ Rituale können der Gewalt entgegenwirken, da sie sozial eingebettete Handlungen sind (sich Regeln geben, bei einem Nachtgeländespiel ein Zauberfläschchen tragen, Friedenspfeife oder Gruppenschrei).

⟹ Wenn jemand die Regeln nicht einhält, müssen die Konsequenzen sichtbar werden. Was dies konkret heisst, muss allen vorher bewusst sein und kann zusammen abgemacht werden.

⟹ Auch positives Verhalten soll erwähnt und gelobt werden.

⟹ Gruppengeist beispielsweise mit einem gemeinsamen Erlebnis nach dem Spiel stärken.

⟹ Auf negative Identifikationsfiguren wie Homeboys, Terroristinnen oder Mafiosi verzichten.

⟹ Die Versöhnung am Ende des Spieles mit Dessert, Teetrinken am Feuer oder gemeinsamem Fackelzug ist wichtig.

⟹ Gelegenheit zur Aussprache wirkt bereits beruhigend.

⟹ Faire Duelle werden in das Geländespiel eingeplant. Beispiele dazu befinden sich im Geländespielbaukasten ab Seite 31.

Den Kindern und Jugendlichen muss manchmal auch zugetraut werden, dass sie Konflikte selber lösen können.
Nicht die Spielleitung alleine prägt die Kinder und Jugendlichen. Die Möglichkeiten einer Spielleitung sind beschränkt. Trotzdem muss die Spielleitung in diesem kleinen Rahmen Verantwortung wahrnehmen und dort handeln, wo es möglich ist.

Was sind Gewalt und Aggressionen?

Gewalt heisst, dass ich gezwungen werde, etwas zu tun oder zu erleiden, das ich nicht will. Erlebte Gewalt ruft Wutgefühle und Verzweiflung hervor. Wenn wir das Gefühl haben, uns wehren zu müssen, dann steigen kämpferische Gefühle in uns hoch. Die gewaltausübende Person ist unfähig sich selbst zu spüren und verliert die Kontrolle. Das führt zu körperlicher und psychischer Verletzung einer anderen Person.

Gewalt an sich ist vermeidbar. Mit Aggressionen verhält es sich anders, sie sind aus unserem Leben nicht wegzudenken. Sie sind nicht einfach die Vorstufe der Gewalt und können die Gewalt sogar verhindern, denn Aggressionen helfen, mich selbst und meine Bedürfnisse wahrzunehmen. Aggressionen im Sinne einer emotionalen Reaktion sind in einem Geländespiel natürlich, müssen aber kontrolliert bleiben. Den Umgang mit diesem Gefühl muss jedes Kind lernen und dabei soll es unterstützt werden.

Leider richten Menschen ihre Aggressionen oft nach innen. Dies kann so weit führen, dass sie sich selbst Schaden zufügen. Dieses „Hineinfressen" lernen viele Kinder im Laufe ihrer Kindheit. Aggressionen gehören aber zur Kinder- und Jugendwelt. Konflikte und Aggressionen können Chancen zur Veränderung und Entwicklung sein. Ein aggressionsfreies Leben ist aber nicht möglich und auch nicht sinnvoll.

Wie entstehen Gewalt und Aggressionen?

Gewalt ist häufig ein Gruppenphänomen. In der Gruppe erleben die Mitglieder eine eigene Wirklichkeit. Die Dynamik des Spieles, unterstützt durch die gemeinsame Kleidung und Aufgabe, verstärken das Gruppengefühl. Ungerechtigkeiten werden sehr stark empfunden. Dieses Phänomen ist auf dem Hintergrund der menschlichen Entwicklung zu sehen. Moralische Urteile entfalten sich unter Einfluss der Umwelt, im Kontakt mit anderen Menschen. So erstaunt es nicht, wenn Kinder und Jugendliche anders urteilen als Erwachsene. Ihr Sinn für Recht und Unrecht ist oft absoluter.

In der Dynamik des Spieles sieht man die Schuld schnell beim anderen. Zudem ist die Gewalt der anderen Gruppe eine Legitimation für eine eigene gewalttätige Reaktion. Im Spiel erlernen die Teilnehmenden aber auch soziale Kompetenzen, sie erfahren Loyalität, die Bedeutung von Regeln oder wie Streitigkeiten geschlichtet werden. Ziel muss es sein, ein Übergewicht der negativen Seite zu vermeiden. Anders verhält es sich bei einzelnen gewalttätigen Kindern oder Jugendlichen: Ihre Gewalt ist oft als Hilfeschrei zu verstehen und verlangt viel Verständnis, aber auch konsequentes Handeln seitens der Leitenden.

Aggressionen entstehen durch Herausforderungen. Sind sie angemessen und der Umgang mit dieser starken Emotion möglich, kann diese konstruktiv umgesetzt werden („... jetzt gelingt es ...", „... ich habe eine Idee, um die anderen abzulenken ..."). Wenn dies nicht der Fall ist, schlägt die Aggression in Wut und Hass um. Umgehen mit Aggressionen heisst, sie mit Worten, mit einem Schrei, mit Tränen oder mit Stampfen auszudrücken. Die Aufmerksamkeit auf etwas anderes lenken, loslassen. Manchmal nützen irgendwelche Diskussionen wenig und verhärten nur das Gefühl. Ablenken hilft den Beteiligten das Gesicht zu retten. Zu einem späteren Zeitpunkt kann daraus ein Gespräch entstehen.

Allgemein gilt also, dass Gewalt meist nur Gewalt oder Passivität erzeugt, dass aber aggressive Gefühle nicht unterdrückt werden sollten. Dadurch kann verhindert werden, dass sie sich als Gewalt ausdrücken.

Sicherheitsaspekte

Um Geländespiele interessant zu gestalten, wird häufig die Nacht als Spielzeit gewählt. Auch unbekanntes Gelände trägt zur Spannung und zum Reiz des Spieles bei. Gleichzeitig bedeuten diese Faktoren ein Sicherheitsrisiko für die Spielenden. Ein Geländespiel soll deshalb nicht nur spannend und interessant sein, sondern auch sicher für Spielende und Spielleitung.

Im Folgenden einige Überlegungen zum Thema Sicherheit in Geländespielen. Grundsätzlich gibt es keine Patentrezepte bezüglich Sicherheit. Jedes Geländespiel ist anders und verlangt nach neuen Sicherheitsüberlegungen und -massnahmen. Die nachfolgenden Ausführungen befreien deshalb nicht vor eigenen Überlegungen und Massnahmen, um die Sicherheit in einem Geländespiel zu gewährleisten.

Gelände

Das Gelände kann insbesondere in Verbindung mit der Nacht eine bedeutende Gefahrenquelle darstellen. Wird vor dem Spiel überlegt, wo mögliche Gefahren stecken und welche Vorsichtsmassnahmen ergriffen werden müssen, können viele Gefahren beseitigt werden.

Gefahrenquellen
* Sich verirren im unbekannten Gelände, ungenaue Kenntnisse des Geländes.
* Felsen oder Stellen mit Absturzgefahr.
* Strassen, Eisenbahnlinien und Stacheldrahtzäune.
* Ein See, Fluss oder Sumpf.
* Der Strassenverkehr.
* Jäger oder Armee sind im Gelände.

Tipps
* Vor dem Spiel das Gelände erkunden. Bei einem Nachtgeländespiel das Gelände nicht nur tagsüber, sondern auch bei Nacht rekognoszieren.
* Die Grenzmarkierungen gut sichtbar anbringen.
* Das Gelände mit den Spielenden vor dem Spiel durchschreiten und auf mögliche Gefahren und Problemstellen hinweisen.
* Einen einfachen Plan als Geländeübersicht abgeben, sofern es die Spielsituation erlaubt.
* Einfaches, ungefährliches und nicht ein zu grosses Gelände auswählen, damit die Übersicht gewahrt werden kann.
* Zeitpunkt gut auswählen; in der Stadt eine verkehrsarme Zeit.

Nacht

Gefahrenquellen

* Eingeschränkte Sicht, keinen Überblick mehr.
* Die Spielenden können sich verirren.
* Verletzungsgefahr, wenn das Spiel im Wald stattfindet.

Tipps

* Einfaches Gelände auswählen, eher offenen Wald als einen mit viel Dickicht.
* Rennen vermeiden, ruhige Spielabläufe auswählen.
* Taschenlampen für Notfälle abgeben, vor allem für Jüngere.
* Gelände mit den Teilnehmenden am Tag besichtigen.

Special effects

Manche Spielleitungen möchten auf spezielle Effekte wie Feuer, Feuerwerkskörper, Schwarzpulver und andere „Zutaten" nicht verzichten.

Gefahrenquellen

* Verschiedene Verletzungen.
* Waldbrandgefahr, vor allem im Sommer.

Tipps

* Wenn möglich verzichten.
* Personen genau instruieren, nur die Spielleitung oder Erwachsene dafür einsetzen.

Wetter

Gefahrenquellen

* Kälte und Nässe.
* Schnee und Nebel erschweren die Orientierung.

Tipps

* Lange inaktive Wartezeiten für die Spielenden vermeiden.
* Aufwärmmöglichkeiten bieten.
* Geländespiele im Schnee und bei Nebel nur durchführen, wenn die Spielenden sich sicher und selbstständig orientieren können.
* Spielgrenzen so setzen, dass sich niemand verirren kann.
* Alternativen für Regenwetter bereithalten.

Ausrüstung und Spielgegenstände

Gefahrenquellen

* Gefährliche Spielgegenstände wie Messer oder Feuer sind im Spiel.
* Kampf um Spielleben bieten Anlass zu gewalttätigem Verhalten, beispielsweise das Entreissen eines Spielbandes am Handgelenk.
* Schlechte und nicht angepasste Ausrüstung der Spielenden.

Tipps

* Gefährliche Gegenstände durch ungefährliche ersetzen.
* Begegnungen gewaltlos gestalten.
* Gute und hohe Schuhe für die Spielenden beugen Misstritten im Gelände vor.

Anlaufstelle Erste-Hilfe-Posten

Tipps

* Vor dem Spiel die Anlaufstelle den Spielenden zeigen.
* Anlaufstelle muss für alle gut sichtbar und leicht auffindbar sein.
* Die Anlaufstelle mit einem Mitglied der Spielleitung besetzen.
* Den Spielenden ein Kontakttelefon angeben (beispielsweise für Stadtgeländespiele).
* Erste-Hilfe-Posten einrichten, Material bereithalten.

Verhaltensregeln

Neben den Spielregeln sind auch allgemeine Verhaltensregeln für die Spielenden notwendig.

Gefahrenquellen

* Unklare und fehlende Regeln
* Falsche Sicherheitsregeln /Anweisungen

Tipps

* Vorausdenken und das Spiel gedanklich durchspielen, sich auch „unmögliche" Spielentwicklungen und Spielsituationen vorstellen.
* Erklären, warum die Sicherheitsregeln aufgestellt wurden.
* Sicherheits- und Verhaltensregeln aufstellen, die auch beim Scheitern des Spieles funktionieren.
* Abbruch oder Schluss vor Spielbeginn klar festlegen (Zeitpunkt, Ort, Signal).

Spielbaukasten

Einführung

Der Geländespielbaukasten ist unterteilt in die Grundformen der Geländespiele und eine Ideensammlung für verschiedene Elemente eines Geländespiels.

Auf den ersten Seiten sind die Grundformen der Geländespiele aufgelistet. Diese lassen sich auf sieben Formen einschränken, auf welchen die über 40 konkreten Spielprojekte aufbauen. Oft werden verschiedene Grundformen miteinander kombiniert, was eine Vielzahl von möglichen Formen ergibt.
Die meisten Grundformen, die im Baukasten kurz beschrieben werden, sind in einer ausführlicheren Form im Projektteil zu finden.

Bei der Feinplanung eines Geländespiels sind auch die Elemente ein Thema, zu welchen in diesem Kapitel viele Ideen gesammelt wurden. Viele dieser Elemente kommen in praktisch jedem Geländespiel vor. Elemente können meist beliebig ausgewechselt werden, ausser eine Spielgeschichte erfordere beispielsweise ein bestimmtes Einstiegsspiel. Auf der Suche nach einer originellen Idee für eine Gruppenbildung, Begegnung, Versöhnungsfeier oder Erkennung einer Gruppe kann deshalb in diesem Teil rasch etwas Passendes gefunden werden.

Der Spielbaukasten soll animieren, selbst einmal ein Geländespiel zu entwerfen. Sobald eine gute Ausgangsidee gefunden ist, können anhand der Übersicht die passenden Grundformen herausgesucht werden. Ist dieser Schritt getan, muss das „rohe" Geländespiel noch mit verschiedenen Elementen ausgestaltet werden.

Ausserdem gehört zum Spielbaukasten noch das Buchzeichen. Dieses bietet einen Überblick der wichtigsten Punkte, die bei der Vorbereitung und Durchführung eines Geländespiels beachtet werden sollten.

Viel Spass beim Erstellen eines eigenen neuen Geländespiels!

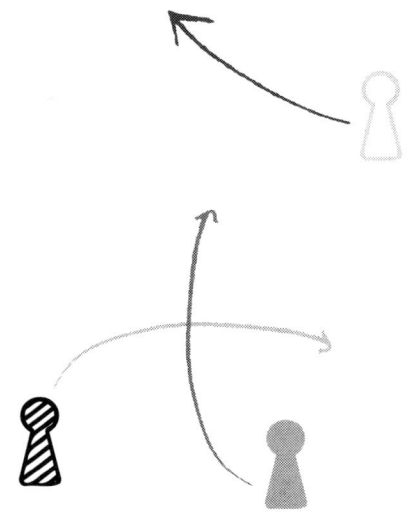

Grundformen

Die vorgestellten Grundformen sind einfache Geländespiele, die für sich gespielt werden können. Sie können aber auch als Ausgangslage für die Entwicklung eines grösseren Geländespiels verwendet werden.

1. Schatzsuche

Zwei Gruppen suchen den gleichen Schatz

Irgendwo ist ein Schatz versteckt, der von zwei Gruppen gesucht wird. Den Gruppen stehen verschiedene Informationen zur Verfügung: Plan, Rätsel, Koordinaten. Gewonnen hat die Gruppe, die als erste den Schatz findet.

Zwei Gruppen suchen zwei verschiedene Schätze

Zwei Schätze sind im Gelände versteckt. Jede Gruppe besitzt Informationen, Kartenteile, Koordinaten usw. über den Schatz, den die andere Gruppe finden muss. Die Informationen müssen ausgetauscht werden, um den Schatz zu finden. Gewonnen hat die Gruppe, die am schnellsten ihren Schatz findet.

2. Schmuggelspiele

Umzug

Von zwei Depots aus schmuggeln zwei gegnerische Gruppen verschiedene grosse Gegenstände an zwei Zielorte. Gewonnen hat die Gruppe, die am meisten gegnerische Gegenstände identifiziert und eigene Gegenstände geschmuggelt hat.

Schmuggler und Zöllner

Eine Grenze (Bach, Weg) wird von einer Gruppe bewacht. Eine andere Gruppe versucht, grosse Gegenstände über die Grenze zu schmuggeln. Ertappte Schmuggler müssen ihr Gut abgeben. Gewonnen hat die Gruppe, die nach einer bestimmten Zeit am meisten Gegenstände besitzt.

3. Angreifen / Verteidigen

Leuchtturm

Im Zentrum eines Kreises brennen Kerzen. Die angreifende Gruppe versucht mit Wasserballonen die Kerzen zu löschen, ohne den Kreis zu betreten. Eine andere Gruppe bewacht die Kerzen, auch diese darf den Kreis nicht betreten. Die Mitglieder der verteidigenden Gruppe versuchen die Angreifenden zu fangen. Gefangene müssen in den Kreis. Wenn es nach einer bestimmten Zeit der angreifenden Gruppe nicht gelungen ist, die Kerzen zu löschen, hat die andere Gruppe gewonnen.

Kerzenspiel

Im Gruppennest von zwei Gruppen brennt je eine grosse Kerze. Das Spiel ist beendet, sobald eine Gruppe die grosse Kerze der gegnerischen Gruppe ausblasen kann. Die Spielenden dürfen sich nur mit einer kleinen brennenden Kerze vorwärts bewegen. Dabei versuchen sie die kleinen Kerzen der gegnerischen Personen zu löschen. Erlischt die kleine Kerze, muss diese Person zurück zum Gruppennest und die Kerze wieder anzünden.

Flaggenspiel

Zwei Gruppen besitzen je ein eigenes Spielfeld. In diesem sind sie zwar in Sicherheit, ihre Flagge befindet sich aber im gegenüberliegenden Feld in einer neutralen Zone. Jede Gruppe versucht die eigene Flagge auf das eigene Spielfeld zu bringen und die gegnerische Gruppe durch Gefangennahmen daran zu hindern, dass sie ihre Flagge holen kann.

4. Sehen ohne gesehen zu werden

Nummernspiel

Die Teilnehmenden tragen am Rücken eine Nummer mit der entsprechenden Gruppenfarbe. Gelingt es einem Spielenden, die Nummer des Gegners zu lesen, ruft er diese laut aus und darf die Nummer dann mitnehmen. Das Ziel des Spieles ist, möglichst viele gegnerische Nummern einzusammeln.

Detektiv

Zwei Gruppen sind sehr originell verkleidet. Das Ziel des Spieles ist, möglichst viele Merkmale der gegnerischen Gruppe herauszufinden.

5. Anschleichen

Versammlung

Eine Gruppe hat zum Ziel, sich innerhalb eines Gebietes an einem bestimmten Ort vollzählig zu versammeln. Das Spielfeld wird von der gegnerischen Gruppe be-

wacht. Wer gesehen wird, muss ein „Leben" (zum Beispiel einen Ausweis) abgeben und beim Start ein neues holen.

6. Sammeln / Abschieben

Dorfscrabble

Im Dorf sind zahlreiche Buchstaben versteckt. Zwei Gruppen sammeln möglichst viele Buchstaben und versuchen sie zu vollständigen Wörtern zusammenzusetzen. Die Gruppe, welche am meisten Wörter bildet, hat gewonnen.

Obst trennen

Zwei Gruppen versuchen möglichst viele gute, rote Äpfel auf das eigene und möglichst viele schlechte, grüne Äpfel auf das gegnerische Spielfeld zu bringen.

7. Spuren folgen/jagen

Schnitzeljagd

Zwei Gruppen müssen eine geheimnisvolle Person finden. Diese hinterlässt verschiedene Spuren, welchen die Gruppen folgen müssen.

Pfeifensignaljagd

Eine Gruppe flüchtet mit einem Vorsprung von zehn Minuten und pfeift regelmässig alle zwei Minuten. Aufgrund der Pfeifsignale versucht die zweite Gruppe sie zu finden.

Elemente

Grundsätzliche Gedanken zu den folgenden Elementen sind im methodischen Teil ab Seite 15 oder auf dem Buchzeichen zu finden.

Einleitung in das Geländespiel oder in die Spielgeschichte

* Auf einem Spaziergang oder im Gepäck finden die Teilnehmenden einen Brief oder einen Gegenstand.
* Eine Geschichte wird erzählt.
* Vorspielen einer kurzen Szene.
* Die Teilnehmenden werden von einer unbekannten Person angesprochen, welche eine Botschaft übergibt.
* Ein Zeitungsartikel wird mit einem eigenen Text überklebt, kopiert und den Teilnehmenden verteilt.

Spielbeginn und -ende

* Gong
* Pfeifsignal
* Jede Gruppe wählt einen Gruppenschrei aus. Wenn alle Gruppenschreie ertönt sind, beginnt das Spiel.
* Rakete (Gezielter Einsatz durch die Spielleitung.)
* Zu einer abgemachten Uhrzeit.

Gruppenbildung

* Atomspiel

  Alle Teilnehmende sind „Atome", die sich auf einer kleinen Spielfläche bewegen. Die Spielleitung gibt an, wie viele Atome sich zu einem Molekül zusammenschliessen sollen. Sobald die Spielleitung beispielsweise ein „Molekül vier" bekannt gibt, müssen sich alle so rasch wie möglich zu einer Gruppe von vier Personen zusammenschliessen. Beim „Molekülzerfall" trennen sich die Gruppen wieder. Irgendwann gibt die Spielleitung die Molekülgrösse bekannt, welche der gewünschten Gruppengrösse entspricht. Damit sind die Gruppen eingeteilt und das Spiel beendet.

* Goldene Gans

  Eine Leitungsperson ist die goldene Gans, von der alle gerne eine Feder hätten. Die Leitungsperson befestigt also verschiedenfarbige Papiere an ihren Kleidern. Alle versuchen nun, eine Feder zu ergattern. Wen die goldene Gans aber mit den Händen berührt, der verwandelt sich zu Stein. Drei Spielende können den Stein wieder erlösen, indem sie diesen gemeinsam hochheben.

* Tiere nachahmen

  Auf kleine Zettel werden vier verschiedene Tiernamen aufgeschrieben. Die Teilnehmenden ziehen einen Zettel und müssen ein typisches Geräusch des Tieres nachahmen. Dadurch finden die Gruppen zusammen.

• Zettel oder Pläne

Auf kleine Zettel werden verschiedene Symbole, Buchstaben oder Pläne gezeichnet. Die Teilnehmenden ziehen einen Zettel. Danach gibt die Spielleitung bekannt, wo sich die Gruppenplätze befinden, worauf sich die Teilnehmenden möglichst unbemerkt zum Gruppennest begeben, damit niemand genau weiss, wer in welcher Gruppe ist.

• Spielkarte

Alle Teilnehmenden ziehen eine Karte. Das gleiche Symbol oder die gleiche Farbe bestimmt die Gruppenzugehörigkeit.

• Bonbons ziehen

In einem Sack befinden sich vier verschiedene Sorten Bonbons. Alle, die das gleiche Bonbon ziehen, bilden eine Gruppe.

• Schnurende

Viele Schnurenden ragen aus einer Schachtel heraus. Alle Mitspielenden nehmen ein Schurende in die Hand. Nun ziehen alle gleichzeitig an den Enden. Die Schnüre, welche zusammengebunden sind, verraten, zu welcher Gruppe man gehört.

• Puzzle

Fotos werden in eine bestimmte Anzahl Puzzleteile zerschnitten. Nachdem alle ein Puzzleteil gezogen haben, wird versucht die Fotos wieder zusammenzusetzen. Sobald dies geschehen ist, stehen die Gruppen komplett beisammen.

• Streichhölzer

Aus einer Streichholzschachtel muss sich jede Person ein Streichholz nehmen. Alle sind oben mit einer Gruppenfarbe bemalt.

Alter mischen

• *Um 30 Teilnehmende aufzuteilen, werden fünf Töpfe vorbereitet mit jeweils sechs Zetteln darin. Die ältesten sechs Teilnehmenden ziehen einen Zettel aus dem ersten Topf und werden dabei gleichmässig auf die Gruppen verteilt, die sechs zweitältesten Teilnehmenden ziehen einen Zettel aus dem nächsten Topf usw.*

Geburtsdaten

• *Wer vom Januar - März Geburtstag hat, ist in einer Gruppe, wer in den nächsten drei Monaten Geburtstag hat, ist in einer anderen Gruppe usw. Bestimmt werden nach dieser Methode nicht in jeder Gruppe gleich viele Personen sein. Deshalb muss die Spielleitung nach dieser groben Einteilung noch ausgleichen.*

Datumsreihe

• *Die Teilnehmenden müssen sich so rasch wie möglich nach den Geburtsdaten aufstellen. Jene, die im Januar Geburtstag haben, stehen am Anfang, die vom Dezember stehen am Schluss. Danach bilden beispielsweise die ersten fünf Personen eine Gruppe usw.*

- Abzählen
Die Teilnehmenden stellen sich im Kreis auf und zählen danach fortlaufend bis zu einer bestimmten Zahl. Alle mit der gleichen Nummer bilden nun eine Gruppe.

- Gleiches Merkmal
Wer die gleiche Socken-, T-Shirt- oder Augenfarbe hat, ist in der gleichen Gruppe.

Erkennungszeichen für Gruppen

- Stirnband, Mütze, Sonnenbrillen, Regenschirme, Krawatten.
- Farbiges Papier auf dem Rücken ankleben.
- Mit Papierklebband ein Symbol auf den Rücken kleben.
- Haare färben.
- Mit Gesichtsfarbe anmalen.
- Ausweis
- Verkleidung

Dynamische Ereignisse

Diese Elemente ermöglichen es, die Dynamik des Spieles gezielt oder zufällig zu beeinflussen. Je nach Spielsituation kann durch die Teilnehmenden oder durch die Spielleitung ein Ereignis ausgelöst werden, das dem Spiel neue Spannung und einen neuen Verlauf verleiht.

- Jokerfiguren (Spielleitung)
Joker können gezielt eingesetzt werden, um besonders benachteiligten oder ungeschickten Gruppen den Anschluss am Spiel wieder zu ermöglichen. Dabei ist zu beachten, dass dies von den anderen Gruppen nicht als unfair empfunden wird.

- Zufallsereignisse
Sobald eine erste Etappe abgeschlossen ist, wird ein Zufallsereignis ausgelöst, welches die Spielsituation völlig verändern kann. Dieses Element ist am besten mit einem Leiterlispiel vergleichbar. Auch wenn sich eine Gruppe an erster Stelle befindet, ist es möglich, dass sie wieder auf den letzten Platz rutscht.

- Angebot und Nachfrage
Sobald die Teilnehmenden einen Gegenstand kaufen müssen, kann sich dieser Preis nach Angebot und Nachfrage richten. Ist mehr Geld im Umlauf, kostet der Gegenstand auch mehr und umgekehrt.

 ## Leben und Fangen

Mit dem Element „Leben" kann ein Spiel sehr gut reguliert werden. Sobald eine Person alle „Leben" verloren hat, können weitere „Leben" verdient werden oder ein Rollenwechsel tritt ein. Dies ist unbedingt notwendig, damit nie eine Person aus dem Spiel ausscheidet.

* Ballone, die um das Fussgelenk gebunden sind, müssen zerplatzt werden.
* WC-Papierschwanz, Tuch oder Klebband am Rücken abreissen.
* Brennende Kerze ausblasen.
* Hut, Mütze, Tuch oder Stirnband schnappen.
* Zeitguthaben
* Reisepass, auf dem jedesmal ein Kreuz gemacht wird.
* Beim Verlust eines „Lebens" eine Seite von einem Papierblock abreissen.
* Eine Person gilt als neutralisiert, wenn man sie in die Luft hebt und einen Zauberspruch aufsagt.
* Umzingeln
  Eine Personen ist gefangen, wenn sich vier Personen die Hände geben und einen Kreis um die gegnerische Person bilden können.
* Treffen mit Wurfgegenstand, zum Beispiel ein Wasserballon, ein Strumpf oder ein Schmerlz ...

Bastelanleitung für einen Schmerlz:

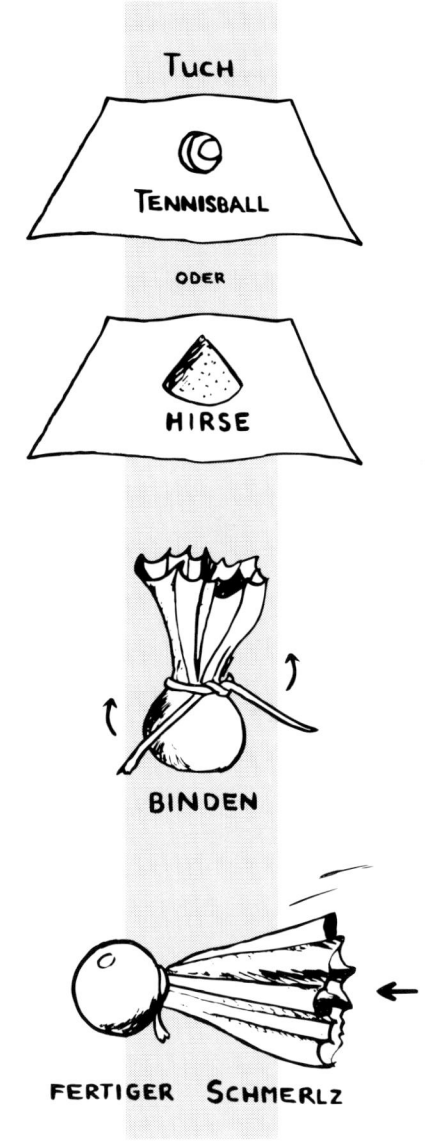

TUCH

TENNISBALL

ODER

HIRSE

BINDEN

FERTIGER SCHMERLZ

 ## Begegnungen und Duelle

Ein sinnvolles Duell beim Aufeinandertreffen von zwei oder mehreren Personen
ermöglicht, dass körperlich Schwächere
gegen Stärkere Erfolg haben, da es auf die
Geschicklichkeit oder den Zufall und nicht
immer auf die Kraft ankommen soll.

* Gerade oder ungerade Zahl
*Zwei Personen stehen einander gegenüber
und halten die Hände hinter den Rücken.
Eine Person sagt „gerade", die andere
„ungerade". Danach zählen sie gemeinsam auf drei und nehmen ihre Hände nach
vorne wobei sie mit gestreckten Fingern
eine Zahl zwischen null und zehn anzei-
gen. Die beiden Zahlen werden zusam-
mengezählt. Ergibt das Total eine ungerade Zahl, gewinnt die Person, welche zu
Beginn „ungerade" gesagt hat und umgekehrt.*

* Heu und Stroh
*Zwei Personen machen je fünf Schritte
voneinander weg. Eine Person beginnt,
sagt „Heu" und setzt einen Fuss genau
vor den anderen. Die andere Person sagt
„Stroh" und setzt auch einen Fuss vor den
anderen. Die Person, die ihren Fuss am
Schluss nicht mehr in die Lücke bringt,
hat verloren.*

* Schere, Stein, Papier
*Zwei Personen stehen einander gegenüber
und halten die Hände hinter den Rücken.
Dann sagen sie „Schere, Stein, Papier".
Bei „Papier" strecken sie gleichzeitig eine
Hand nach vorne und zei-
gen: Eine Schere
(zwei gespreizte Finger), einen Stein (Faust) oder ein Papier (geöffnete Handfläche).
Die Gewinnregeln sind die
folgenden: Das Papier kann
den Stein umwickeln, der
Stein zerstört die Schere
und die Schere zerschneidet das
Papier.*

* Riesen, Elfen, Zauberer
(System wie Schere, Stein, Papier - als
Spiel zwischen zwei Gruppen geeignet)
*Die Riesen stehen auf den Zehen und hal-
ten die Arme so weit wie möglich in die
Höhe, dazu brüllen sie „Riesen". Die Elfen sind dagegen ganz kleine Wesen, ziehen die Schultern ein und sagen nur ganz
leise „Elfen". Zu guter Letzt der Zauberer, der mit seinem buckligen Rücken und
dem magischen Blick mit seinen Händen
sein Gegenüber verzaubern will.
Die Gewinnregeln sind die folgenden: Die
Riesen können die kleinen Elfen leicht
überwältigen, die Elfen können mit einigen Tricks die Zauberer dazu bringen,
dass sie falsche Zaubersprüche aufsagen
und den Zauberern gelingt es die Riesen
zu verzaubern.*

Beide Teams vereinbaren ein Wesen und stellen sich in einer Reihe einander gegenüber auf. Alle sagen nun dreimal „Riesen, Elfen, Zauberer" und nehmen nach dem letzten Wort die entsprechende Haltung ein. Nach drei Durchgängen zeigen beide Gruppen dem Gegenüber ihr Wesen durch die Körperhaltung. Die Gruppe, welche der anderen unterlegen ist, muss so rasch wie möglich flüchten, denn die andere Gruppe versucht so viele Personen wie möglich durch eine Berührung zu fangen.

- Karte ziehen
  Jasskarten oder spieleigene Karten mit bestimmter Rangordnung ziehen. Wer die höhere Karte zieht, hat gewonnen.

- Erwerbliche „Stärke"
  (Energiekugeln, beispielsweise in Form von Murmeln) Treffen zwei Personen aufeinander, kommt es darauf an, wer mehr „Stärke" besitzt.

- Wetten schliessen.
- Würfel werfen.
- Kurzspiele durchführen
  (Zielwerfen, Seilziehen, Murmelspiel).
- Münze werfen (Kopf oder Zahl).
- Streichholz ziehen, wer dasjenige ohne Kopf zieht, verliert.

Meldungen oder Informationen

Ein Geländespiel lebt oft davon, dass Meldungen oder weitere Informationen gefunden oder verdient werden müssen. Die Teilnehmenden erfahren dadurch, was sie als Nächstes zu tun haben, oder sie bekommen einen Bestandteil eines Planes, eines Satzes, einer Telefonnummer oder einer Entschlüsselungstabelle.

- Puzzle zusammensetzen.
- Geheimtinte
  Botschaft wurde mit Zitronensaft geschrieben. Die Schrift erscheint, wenn der Brief über eine brennende Kerze gehalten wird.
- Geheimschrift, die mit einem Schlüssel entziffert werden kann.
- Bestimmte Telefonnummer anrufen.
- Rätsel oder Kreuzworträtsel lösen.
- Morsen
- Meldung befindet sich am Ort, der auf einem Foto abgebildet ist.
- Passanten oder eine verkleidete Person der Spielleitung befragen.
- Tonband abhören.
- Zettel in aufgeblasenen Ballonen.
- Beim Kiosk X eine Tafel Schokolade namens Y kaufen. Auf dem Papier steht alles Wichtige.
- Schatzkarte oder Plan, die oder der vielleicht vorher zusammengesetzt werden muss.
- Eine Zeitung nach einer eingeklebten Information absuchen.

Spuren

Spuren müssen nicht immer sehr auffällig sein. Im Wald kann das Spurenlegen einfach darin bestehen, umherliegende Gegenstände (Rinde, Tannenzapfen) in einer bestimmten Weise anzuordnen.

- Sägemehlspuren
- Farbtupfen an Bäumen.
- Gefärbte Kieselsteine.
- Fussspuren im Schnee.
- Farbspuren im Schnee.
- Wollfaden ziehen.
- Kreidezeichen
- Nachts Lichtern, Katzenaugen oder Spiegeln folgen.
- Geräusche, die regelmässig ertönen (Trillerpfeife, mit Steinen gefüllte Blechdosen).
- Geruchsspur mit Knoblauch an Baumrinde.

Aufgaben lösen

Bevor beispielsweise die Elemente „Meldung / Informationen" oder ein „Leben verdienen" zum Zug kommen, muss häufig eine kleine Aufgabe gelöst werden. Im folgenden eine kleine Auswahl aus unzählig vielen Möglichkeiten.

- Das Geburtsdatum der Bürgermeisterin oder des Bürgermeisters herausfinden.
- Die ganze Gruppe versammelt sich in einer Telefonkabine.
- Alle müssen in den Dorfbrunnen stehen.
- Passanten einen Blumenstrauss überreichen.
- Blätter von verschiedenen Bäumen sammeln.
- Eine Münze aus dem Jahr 1970 bringen.
- Zutaten für das Mittagessen besorgen.
- Eine Postkarte des Ortes finden.
- Eine sportliche Leistung erbringen.
- Baujahr der Kirche, des Rathauses herausfinden.
- Mit Schnur und Waldmaterial einen Besen binden.
- Eine Wette abschliessen.
- Zielwerfen mit Pfeilen oder Murmeln.
- Boccia spielen.
- Büchsen werfen.
- Ein Rätsel lösen.
- Einen Wurm suchen.
- Eine Zeitung von gestern auftreiben.
- Aus einem Haus winken.
- Ein Lied vorsingen.
- Um das Haus rennen.

Versöhnungsfeiern am Schluss des Spieles

- Dessert oder Grillparty.
  Mit Zutaten, die gefunden wurden, wird ein Schokoladenfondue, eine Vanillecreme, ein Fruchtsalat oder eine Grillparty gemacht.
- Ein Fackelzug führt zurück nach Hause.
- Singen am Lagerfeuer.
- Geschichte erzählen.
- Gemeinsam eine Friedenspfeife rauchen oder einen Friedenstee trinken.
- Gemeinsamer Sonnenaufgang mit einfachem Frühstück oder gemeinsamer Sonnenuntergang.

Schatzideen

Der Phantasie sind bei der Wahl eines Schatzes fast keine Grenzen gesetzt. Trotzdem sollten einige Punkte beachtet werden. Der Schatz soll für die Teilnehmenden keine Strafe sein. Es wird keiner Siegergruppe Freude machen, ein Lied für die anderen komponieren zu müssen. Ein Schatz kann sowohl mitten im Spiel für das Weitermachen, wie auch am Schluss des Spieles für ein nächstes Mal motivieren. Bestimmt ist es besser, wenn alle etwas vom Schatz abbekommen, als wenn nur eine Gruppe genüsslich ein Stück Torte verzehrt. Es kann auch für jede Gruppe ein Schatz versteckt werden, ohne dass die Teilnehmenden dies bereits zu Beginn wissen. Ein Schatz in Form von Esswaren kommt bei allen Teilnehmenden gut an – egal ob dies Schokoladentaler oder die Zutaten für einen Fruchtsalat sind.

Bewertungen

- Posten, die weiter entfernt sind, geben mehr Punkte.
- Farbige Buchstaben geben mehr Punkte als die anderen.
- Anzahl „Leben", die verbraucht wurden.
- Wie schön wurde beispielsweise ein Bild gemalt.
- Ein Spiel ohne Siegende.
- Wörter bilden.
  Mit gewonnen Buchstaben müssen Worte gebildet werden. Die Gruppe, welche mehr Worte bilden kann, gewinnt.
- Eine Zeitlimite setzen.
  Den Gruppen steht eine Zeitlimite zur Verfügung. Wer am wenigsten Zeit braucht, hat gewonnen.

Spielprojekte
von A – Z

Voraussetzungen

Rund 40 Geländespiele sind auf den folgenden Seiten zu finden. Aus diesen 40 können aber leicht einige hundert werden, wenn beim Durchlesen der Phantasie freien Lauf gelassen wird. Einige Varianten zu den Ideen werden teilweise bereits vorgegeben, weitere lassen sich bestimmt finden.

Voraussetzungen

In den Spielbeschreibungen wird darauf verzichtet, die gleich bleibenden Bedingungen immer zu wiederholen. Es versteht sich von selbst, dass vor der Durchführung eines Geländespiels das Gelände rekognosziert werden muss oder dass an einem zentralen Ort immer ein Erste-Hilfe-Kasten zur Hand ist (siehe auch das Buchzeichen).

Die Elemente, die im Baukasten erklärt werden, sind zudem in den Ideen nicht mehr ausführlich beschrieben. Wenn beispielsweise das Spiel „Schere, Stein, Papier" in einem Geländespiel verwendet wird, ist dieses mit einem Symbol markiert, das auf den Baukasten verweist. Neben einer Erklärung dieses Spieles ist dort auch eine Liste mit Varianten zum erwähnten Spiel zu finden.

Verändern der Spielprojekte

Ein Steckbrief gibt jeweils Auskunft über die wichtigsten Rahmenbedingungen des Spieles. Dieser Steckbrief sollte allerdings nicht überbewertet werden. Durch kleine Änderungen kann ein Nachtgeländespiel zum attraktiven Taggeländespiel werden oder ein Geländespiel für 24 Personen wird zum spannenden Spiel für 10 Teilnehmende und umgekehrt. Allerdings hat diese Änderung bestimmt auch einen Einfluss auf die Geländegrösse und unter Umständen auch auf die Spielleitung und die Anzahl der Teilnehmenden. Dabei ist zu beachten, dass eine Verdoppelung der Teilnehmenden nicht unbedingt eine Verdoppelung der Geländegrösse bedeutet. Durch eine Verdoppelung des Geländes könnte nämlich auch die Spannung verringert werden, weil beispielsweise zu lange Strecken zwischen den Gruppen zurückgelegt werden müssen. In den Steckbriefen sind diese Rahmenbedingungen ideal aufeinander abgestimmt.

Aufbau

Im Folgenden wird beschrieben, wie die Spielprojekt-Beschreibungen aufgebaut wurden:

1. Symbole
Jedes Spiel wird zu Beginn mit den nebenstehenden Symbolen charakterisiert. Sind die Symbole grau, treffen sie nicht zu, sind sie schwarz, treffen sie zu. Die Symbole bedeuten:

* *Tag / Nacht*
* *Dorf oder Stadt / Wald / Wiese*
* *ruhig / aktiv*

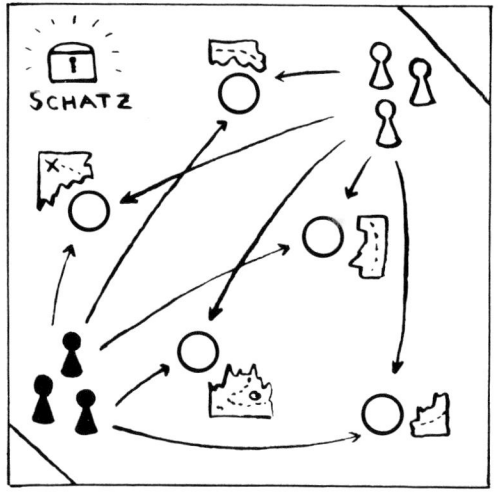

2. Skizze
Zu Beginn steht jeweils eine taktische Skizze, die das Spiel auf diese Weise kurz erklärt. Sie soll sowohl beim ersten Durchlesen hilfreich sein, aber auch beim späteren Durchblättern das Spiel wieder in Erinnerung rufen.

3. Steckbrief

Im Steckbrief sind die wichtigsten Angaben zum Spiel festgehalten. Diese sind optimal aufeinander abgestimmt und können natürlich verändert werden.

Gelände Optimale Grösse für die angegebene Anzahl Mitspielende.

Anzahl Diese Angabe ist als Mindestzahl zu verstehen. Selbstverständlich können die Spiele auch mit mehr Teilnehmenden durchgeführt werden.

Leitung So viele Personen sollten in der Spielleitung mithelfen, damit alles reibungslos ablaufen kann.

Alter ab Auch diese Angabe ist als untere Grenze zu verstehen.

Dauer Solange dauert das Spiel mit den obengenannten Rahmenbedingungen.

Material Materialliste für die Durchführung des Spielprojektes. Die Mengen sind natürlich auf die angegebene Anzahl Spielende abgestimmt.

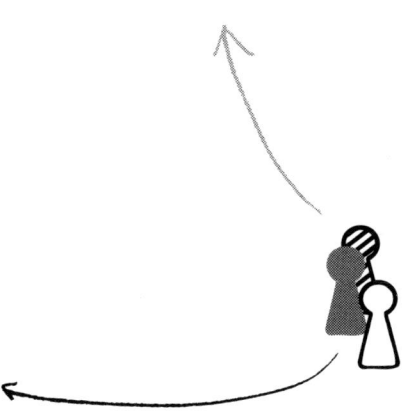

4. Spielbeschreibung

Die eigentliche Spielbeschreibung ist jeweils in die nebenstehenden Abschnitte eingeteilt.

Zusätzlich verweisen die Symbole auf die entsprechenden Elemente, welche ab der Seite 36 behandelt werden. Eine Übersicht der Symbole ist auf dem Buchzeichen abgedruckt. Anhand dieser Verweise kann ein Element rasch durch ein neues ersetzt werden.

- Ziel, Geschichte
- Vorbereitung
- Spielablauf
- Spielschluss
- Spielleitung
- Bemerkungen / Schwierigkeiten
- Varianten

Ahnenschatz

Gelände	500 m • 500 m
Anzahl	15 Personen, 3 Gruppen
Leitung	2 Personen
Alter ab	8 Jahren
Dauer	1 Stunde

Material

1 Schatz

3 Schatzkarten, die je in 5 Fragmente zerschnitten werden.

5 Pläne oder Kurzbeschreibungen, wie die Posten gefunden werden können, wo jeweils zwei Kartenfragmente versteckt sind.

3 Gruppenfarben

1 Verkleidung für eine Altwarenhändlerin.

Ziel, Geschichte

Ein von den Ahnen der anwesenden Teilnehmenden verborgener Schatz soll gefunden werden. Weil es zu gefährlich war, die ganze Schatzkarte aufzubewahren, wurde die Schatzkarte in fünf Teile zerschnitten. Jede Person hat ein Kartenfragment erhalten und dieses an einem Ort versteckt, den nur sie finden konnte. Nun haben sich heute drei Personen getroffen, die je eine Beschreibung geerbt haben, die zu einem Ort führen, wo ein Kartenfragment versteckt wurde. Zwei Teile fehlen zwar noch, doch diese kann bestimmt die Altwarenhändlerin auftreiben.

Vorbereitung

* Schatz verstecken.

* Drei Schatzkarten anfertigen, je eine mit den Gruppenfarben markieren und in fünf Stücke schneiden.

* Jeweils zwei gleiche Kartenfragmente mit den unterschiedlichen Gruppenfarben werden bei einem Posten hingelegt. Um diesen Posten zu finden, wird ein kleiner Plan gezeichnet.

 * Bildung von drei gleich starken Gruppen.

Spielablauf
Das erste Kartenfragment finden

 Die drei Gruppen erhalten ihre Gruppenfarbe und einen Plan oder eine Beschreibung, die zu einem Versteck eines Kartenfragmentes führen. Jede Gruppe erhält eine andere Beschreibung. Dort angelangt, finden sie ihr erstes Kartenfragment.

Zwei weitere Kartenfragmente

Zwei weitere Kartenfragmente können gewonnen werden, indem die anderen Gruppen gesucht werden. Diese können zu einem Spiel herausgefordert werden, indem jemand ein gegnerisches Gruppenmitglied berührt. Nach einem Kurzspiel (zum Beispiel „Schere, Stein, Papier") muss die Gruppe, die verloren hat, einen Plan oder eine Beschreibung der anderen Gruppe übergeben. Hat sie keine mehr, passiert nichts und beide Gruppen gehen weiter.

Altwarenhändlerin

Auf dem Spielgelände ist eine Altwarenhändlerin zu finden. Diese bewegt sich frei auf dem Gelände. Gelingt es einer Gruppe, sie zu umzingeln, indem sich alle fünf Gruppenmitglieder die Hände geben und einen Kreis um sie bilden, dann rückt sie eine Beschreibung für ein weiteres Versteck heraus. Nur zwei Gruppen haben allerdings die Möglichkeit, sie zu fangen.

Gruppen aufteilen

Mindestens drei Personen müssen immer beisammen bleiben. Bei diesen drei Personen müssen auch die

Pläne und Beschreibungen bleiben, die zu den Posten führen.

Posten aufsuchen

Jede Gruppe darf jedes Versteck nur einmal aufsuchen und nur das Kartenfragment in ihrer Gruppenfarbe mitnehmen.

Spielschluss

Gewonnen hat die Gruppe, die am schnellsten den Schatz findet.

Spielleitung

Eine Person, die sich im Spielfeld aufhält.

Bemerkungen / Schwierigkeiten

Der Schatz kann ausserhalb des Spielfeldes versteckt sein.

Varianten

⟶ Drei Schätze sind im Gelände versteckt. Jede Gruppe besitzt Informationen, Kartenteile, Koordinaten usw. über den Schatz, den die andere Gruppe finden muss. Die Informationen müssen ausgetauscht werden, um den Schatz zu finden.

Besenschmuggel

Gelände	300 m Durchmesser
Anzahl	20 Personen, 2 Gruppen
Leitung	2 Personen
Alter ab	8 Jahren
Dauer	1½ Stunden

Material

30 Hexenpässe
10 Kopftücher
30 Wunderkerzen
* Markierband, Schnur

Ziel, Geschichte

 Den Hexen im grossen Wald wurden alle Besen geklaut ... und eine Hexe ohne Besen ist einfach keine Hexe. Deshalb müssen die Hexen das Besenlager wieder einrichten. Natürlich ist das nicht so einfach, denn sie werden durch Elfen behindert.

Vorbereitung

* Zwei Kreise werden abgesteckt. Der Hexenkreis hat rund 40 Meter Durchmesser. Um diesen kleinen Kreis liegt das Elfengebiet mit einem Durchmesser von rund 250 Metern.

 * Nach der Gruppeneinteilung werden die Hexen mit einem Kopftuch und einem Hexenpass ausgerüstet.

Spielablauf
Besenschmuggel

Die Hexen sind im Hexenkreis in der Mitte des Spielfeldes zu Hause. Die Aufgabe der Hexen ist es, sich vom Hexenkreis über das Gebiet der Elfen zu schleichen, zu rennen, ...

 Ausserhalb des Elfengebietes sind sie wieder in Sicherheit. Dort angelangt müssen sie mit Waldmaterial und Schnur einen Besen herstellen und diesen unbemerkt in den Hexenkreis zurückbringen. Die Besen müssen mindestens 20 cm gross und als solche erkennbar sein. Jede Hexe darf immer nur einen Besen auf sich tragen.

Wenn eine Hexe mit einem Besen im Hexenhaus ankommt, muss dieser der Oberhexe (Spielleitung) abgeliefert werden, welche je nach Qualität des Besens der Hexe eine oder zwei Flugstunden im Hexenpass gutschreibt.

Elfen fangen Hexen

Im Elfengebiet können die Hexen von den Elfen verzaubert werden (berühren). Dann muss die Hexe entweder ein Leben oder den Besen abgeben. Wenn sie keinen Besen hat, verliert sie ein Leben. Sie muss der Elfe, welche sie gefangen hat, ihren Hexenpass aushändigen. Auf dem Hexenpass sind fünf Leben mit einem Kästchen markiert. Dort wird ein Kreuz gemacht. Wenn ein Elf eine Hexe erwischt, die bereits vier Leben lassen musste, dann macht dieser das fünfte Kreuz und wechselt mit der Hexe die Rolle. Der Elf wird also zur Hexe, erhält das Kopftuch und geht mit dem wertlosen Hexenpass zur Oberhexe. Dort bekommt dieser Elf einen neuen Hexenpass.

Hat eine Hexe zehn Flugstunden erreicht, dann bekommt sie einen Zauberbesen (Wunderkerze). Mit diesem darf sie, um den nächsten Besen zu binden, über das Elfengebiet fliegen. Kein Elf darf die Hexe so berühren.

Bisonjagd

Spielschluss

 Nach 1½ Stunden wird das Spiel mit einem Zauberspruch der Spielleitung abgebrochen. Die Oberhexe dankt allen Hexen für die gute Zusammenarbeit. Zum Schluss kann mit den gebundenen Hexenbesen ein Feuer entzündet werden, um welches eine Walpurgisnacht gefeiert und eine Geschichte erzählt wird.

Spielleitung

Eine Oberhexe und mindestens eine Aufsichtsperson im Elfengebiet.

Varianten

⟹ Die Hexen dürfen ihr Hexengebiet um eine bestimmte Grösse ausweiten, wenn beispielsweise zehn Hexenbesen im Hexenkreis gesammelt wurden.

⟹ Die Aufteilung von Hexen und Elfen wird im Verhältnis 3:1 vorgenommen.

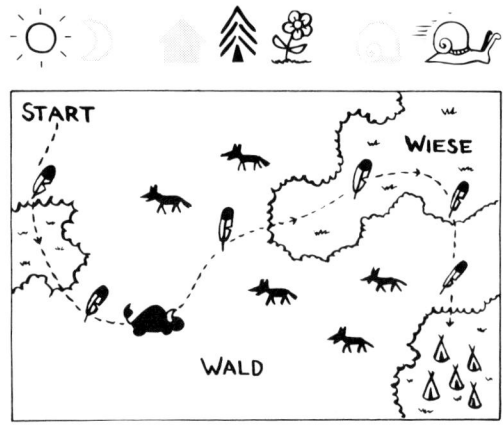

Gelände	1 km • 2 km (strukturenreich; die Gruppen dürfen nicht von einem Punkt zum anderen gelangen, ohne sich im Wald zu bewegen.)
Anzahl	20 Personen, 2 Gruppen
Leitung	2 Personen
Alter ab	8 Jahren
Dauer	2 Stunden

Material

10 Blechdosen und Stirnbänder

1 Plan, auf dem das Siouxlager eingezeichnet wird.

1 Wolldecke (Bison)

1 schwarze Gesichtsfarbe

Ziel, Geschichte

 Die Sioux haben einen Bison erlegt und wollen diesen in ihr Dorf bringen. Im Wald lauern aber Wölfe, die ihnen diese einfache Beute abnehmen möchten.

Vorbereitung

 Bildung von zwei gleich grossen Gruppen. Die Sioux sind durch Stirnbänder gekennzeichnet und haben Trommeln (Blechdosen), mit denen sie sich verständigen. Die Wölfe haben das Gesicht schwarz gefärbt und müssen sich mit Wolfsgeheul verständigen.

Spielablauf

 Die Sioux begeben sich an einen Ort am Rande des Spielfeldes, den die Spielleitung festgelegt hat. Sie erhalten zudem einen Plan mit dem Siouxlager und eine Wolldecke, die den Bison darstellt, mit dem sie das Siouxlager erreichen sollen.

Fünf Minuten nachdem die Sioux gestartet sind, verteilen sich die Wölfe auf dem Spielfeld. Die Wölfe kennen die Position des Lagers nicht. Die Wölfe können den Bison fangen, indem drei Wölfen den Bison umzingeln. Die drei Wölfe müssen sich um den Bison herum die Hand geben.

Bevor die Sioux starten, legen sie den Weg fest, auf dem sie das Lager erreichen wollen. Drei Sioux bleiben beim Bison, die anderen kundschaften ten den Weg aus. Stossen die Kundschaftenden auf Wölfe, melden sie dies den Bisonbegleitenden, damit diese ihren Weg ändern. Im offenen Gelände können die Wölfe von den kundschaftenden Sioux gejagt werden. Gefangene Wölfe holen bei der Spielleitung ein neues Leben. Im Wald hingegen sind die Wölfe zu Hause, dort können sie von den Sioux nicht gejagt werden.

Spielschluss

Das Spiel ist beendet, wenn es den Sioux gelungen ist, den Bison in ihr Dorf zu bringen, oder wenn es den Wölfen gelungen ist, den Bison abzujagen.

Spielleitung

Zwei Personen; eine befindet sich an einem zentralen Ort, die andere hält sich in der Nähe des Bisons auf.

Varianten

➯ 2 Stämme müssen je einen Bison nach Hause bringen oder ein Stamm muss mehrere Bisons ins Lager bringen.

Buchstabenschmuggel

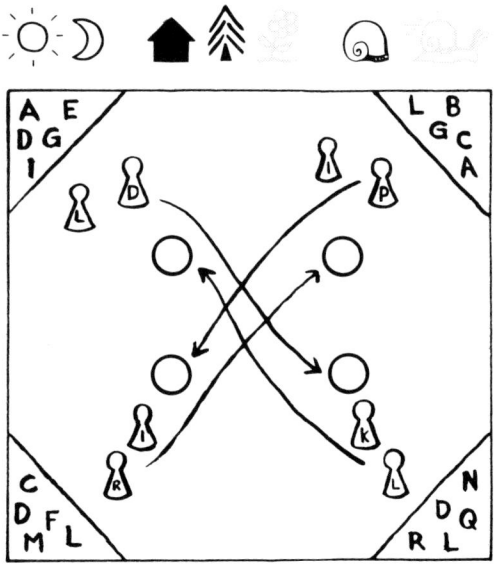

Gelände	300 m • 300 m
Anzahl	16 Personen, 4 Gruppen
Leitung	4 Personen
Alter ab	10 Jahren
Dauer	1½ Stunden

Material

160 Buchstaben auf Stoff gemalt in vier verschiedenen Farben.

4 Pläne, auf denen sich der Gruppenplatz mit den Buchstaben und das Ziel befinden.

• Papier in den 4 Farben, passend zu den Buchstaben.

Ziel, Geschichte

Vier Gruppen müssen möglichst viele Buchstaben von einem Nest in das andere transportieren. Auf ihrem Weg können sie auf Spielende anderer Gruppen treffen, denen sie zusätzliche Buchstaben abnehmen können. Am Schluss muss jede Gruppe mit möglichst vielen der eigenen und der gewonnen Buchstaben Wörter bilden.

Vorbereitung

Am Rande des Spielgeländes werden vier Gruppennester als Lager mit je 30 Buchstaben in einer Gruppenfarbe eingerichtet. Am anderen Ende des Spielfeldes muss für jede Gruppe ein zweites Nest eingerichtet werden. Beide Gruppennester werden mit der jeweiligen Gruppenfarbe markiert. Die vier Wege vom Gruppennest mit den Buchstaben zum Zielnest müssen sich ungefähr in der Mitte kreuzen.

Spielablauf
Weg zum Buchstabenlager

Auf dem Weg zum Geländespielplatz kann jede Gruppe an vier Posten (Zielwerfen, Boccia, Büchsen werfen, Rätsel) insgesamt maximal 10 Buchstaben in der eigenen Gruppenfarbe gewinnen.

Danach begibt sich jede Gruppe zum eigenen Buchstabenlager, wo sich 30 weitere Buchstaben in der Gruppenfarbe befinden. Den Plan dazu erhalten sie beim letzten Posten. Auf dem Plan ist zudem das Ziel angegeben, zu dem die Buchstaben transportiert werden sollen. Sobald die Gruppe bereit ist, teilt sie dies mit einem Gruppenschrei den anderen Gruppen mit. Sind alle vier Gruppenschreie ertönt, kann das Spiel beginnen.

Buchstaben transportieren

Alle Mitspielenden befestigen einen Buchstaben auf dem Rücken und gehen damit zum zweiten Gruppennest. Dabei versuchen alle sich zu verstecken, die anderen aber zu sehen. Sobald nämlich eine Person den Namen und den Buchstaben von jemandem einer Gegengruppe laut ruft, und wenn diese Aussage richtig ist, so gehört der Buchstabe der Person, die gerufen hat. Stimmt die Aussage hingegen nicht, muss die Person den Buchstaben abgeben, welche die falsche Aussage gemacht hat.

Wer keinen Buchstaben auf dem Rücken hat, muss schweigend durch das Spielgelände gehen.

Ein gewonnener Buchstabe in der gegnerischen Farbe muss nicht mehr abgegeben werden, auch wenn man kurz danach von einer anderen Person erwischt wird.

Eine Gruppe hat alle Buchstaben geschmuggelt

Wenn eine Gruppe keine eigenen Buchstaben mehr im Lager oder auf dem Transport hat, teilt sie dies mit dem Gruppenschrei mit. Alle Gruppen müssen sofort zu ihrem Zielplatz. Für die Bestimmung der Siegergruppe dürfen nur Buchstaben verwendet werden, die zu diesem Zeitpunkt im Zielnest liegen.

 Die Gruppen haben zehn Minuten Zeit, mit möglichst vielen eigenen und gewonnenen Buchstaben Wörter zu bilden. Dabei dürfen die eigenen Buchstaben nur einmal verwendet werden. Buchstaben, die man von einer anderen Gruppe gewonnen hat (andere Farbe), dürfen jedoch zweimal verwendet werden.

Spielschluss

Gewonnen hat die Gruppe, welche am meisten Buchstaben in Wörter verpacken kann.

Spielleitung

Betreuung der Posten am Anfang
Überprüft, dass die Mitspielenden ohne Buchstaben am Rücken im Spielgelände keine gesichteten Buchstaben anderer Gruppen laut rufen.

Chinesische Mauer

Varianten

→ Die Gruppen erhalten 80 Klebepunkte, die vor Spielbeginn auf die eigenen Buchstaben verteilt werden müssen. So viele Punkte wie auf einem Buchstaben aufgeklebt sind, so oft darf ein Buchstabe im zweiten Teil für die Bildung von Wörtern verwendet werden. Dies trifft natürlich auch für die gegnerischen Gruppen zu, falls es ihnen gelingt einen Buchstaben mit mehreren Klebepunkten zu ergattern.

→ Anstelle der Buchstaben können auch verschiedene Symbole (Dreiecke, Kreise, Vierecke, ..) auf Papier gezeichnet werden. Diese müssen am Ziel fortlaufend ausgeschnitten und zu einem möglichst grossen und schönen Schloss zusammengesetzt werden.

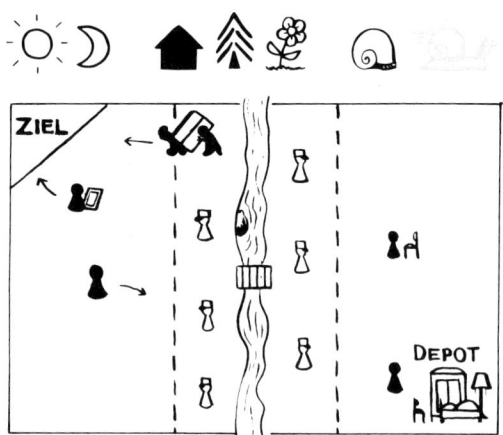

Gelände	500 m • 200 m (Möglichst mit einer natürlichen Grenze wie ein Bach oder ein Weg.)
Anzahl	20 Personen, 2 Gruppen
Leitung	2 Personen
Alter ab	8 Jahren
Dauer	1 Stunde

Material
- 20 grosse Gegenstände (z. B. Pfanne, Fahrrad, Stuhl usw.)
- eventuell Markierband

Ziel, Geschichte

 Marco Polo will vom Reich der Mitte verschiedene technische Erfindungen und kostbare Gegenstände nach Europa schmuggeln. Seine Schmuggelbande versucht nun die verschiedenen Gegenstände über die Grenze (Bach, Weg) zu bringen, welche von Zöllnerinnen bewacht wird.

Vorbereitung

* Materialdepot 100 Meter von der Grenze entfernt anlegen und Grenzbereich abstecken.

* Bildung von zwei gleich starken Gruppen, die mit unterschiedlichen Merkmalen gekennzeichnet werden.

Spielablauf

Die Zöllnerinnen verteilen sich entlang der zirka 500 Meter langen Grenze. Die Schmuggelbande erhält dagegen einen Plan, auf dem ein Materialdepot und das Ziel eingetragen sind. Sie begeben sich zum Materialdepot. Von dort aus versuchen sie das Material über die Grenze zu schmuggeln. Die Zöllnerinnen dürfen sich nur 20 Meter von der Grenze entfernen. Wird in dieser Zone ein Mitglied der Schmuggelbande durch eine Berührung ertappt, muss diese Person ihr Gut abgeben.

Spielschluss

 Gewonnen hat die Gruppe, die nach einer bestimmten Zeit mehr Gegenstände besitzt.

Spielleitung

2 Personen, die sich im Bereich der Grenze aufhalten.

Bemerkungen / Schwierigkeiten

Es ist sinnvoll, das Spiel ein zweites Mal mit vertauschten Rollen durchzuführen und erst danach die Gegenstände von beiden Durchgängen zusammenzuzählen.

Cluedo

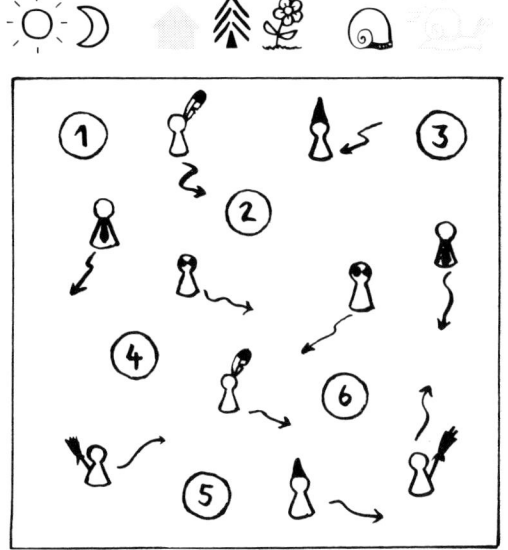

Gelände	400 m • 400 m
	(muss Verstecke bieten)
Anzahl	20 Personen, 5 Gruppen
Leitung	2 Personen
Alter ab	8 Jahren
Dauer	2 Stunden

Material

je 4 Gruppenmerkmale für fünf Gruppen.

5 Gruppenplatzplakate mit verschiedenen Nummern (1 - 6).

5 Personenlisten mit allen Namen, Gruppenplatznummern und Merkmalen (auch die entführte Person, deren Gruppenplatznummer und Merkmal müssen aufgeführt sein).

Ziel, Geschichte

Jemand wurde entführt! Doch wer wurde entführt? Welches besondere Merkmal hat diese Person und wohin wurde sie entführt? Viele Fragen, die in diesem Spiel beantwortet werden sollen.

Vorbereitung

* Für jede Gruppe wird eine Kiste vorbereitet, die zum jeweiligen Gruppenplatz gestellt wird. Die Kiste enthält für jedes Gruppenmitglied ein Merkmal, zum Beispiel 5 Krawatten; ein Plakat mit der Gruppennummer; eine Personenliste.

* Die Gruppeneinteilung ist am einfachsten, wenn alle einen Zettel ziehen, auf dem der Gruppenort angegeben ist. Danach begeben sich alle dorthin, möglichst ohne gesehen zu werden und ohne den Ort bekannt zu geben. Die Person, die „entführt" wird, zieht einen Zettel mit einer Ortsangabe. Dort wird sie von der Spielleitung aufgeklärt, dass sie die „entführte" Person ist und nicht am Spiel teilnimmt. Ideal ist, wenn diese Rolle von einer Leitungsperson übernommen werden kann. Wenn die entführte Person keine Leitungsperson ist, sollte ihr ein attraktiver Ersatz angeboten werden, zum Beispiel ein Eis essen im Dorf! Die entführte Person darf nämlich unter keinen Umständen gesichtet werden.

Spielablauf

Wenn eine Gruppe sich beim Gruppenplatz versammelt hat, verkleiden sich alle mit dem Gruppenmerkmal und stellen das Gruppenplatzplakat gut sichtbar auf. Es muss immer jemand von der Gruppe beim Platz sein. Diese Person sammelt die Angaben, welche die anderen einholen, und kreuzt sie auf der Liste an. Bei Jüngeren ist dies von Vorteil eine Leitungsperson.

 Das Spiel beginnt nach einem Hornsignal. Jetzt müssen die Gruppenmitglieder so viele Informationen einholen wie möglich. Es geht darum, alle Namen der Teilnehmenden mit Gruppenort und Merkmal ausfindig zu machen und herauszufinden, welche Person „entführt" wurde (also nicht gefunden werden kann), welcher Ort von niemandem besetzt ist (Entführungsort) und welches Merkmal nicht vorkommt (Merkmal der „entführten" Person).

Spielschluss

 Wenn das Spiel durch eine bestimmte Zeitdauer limitiert ist, werden die meisten Gruppen ihre Informationen nur unvollständig zusammengetragen haben. In diesem Fall kann man einen weiteren Spielteil hinzufügen: Jede Gruppe hat das Recht einige Vermutungen aufzustellen (Anzahl vorher bestimmen). Eine Gruppe rät

Drunter und Drüber

 beispielsweise: Es ist Ivar, Merkmal Krawatte, Ort 5. Falls die andere Gruppe eine dieser Informationen auf ihrem Blatt angekreuzt hat, ist sie verpflichtet, diese an die fragende Gruppe weiterzugeben. Wenn sie mehrere Informationen hat, braucht sie nur eine weiterzugeben. Wenn alle Gruppen ihre Vermutungen durchgegeben haben, muss jede Gruppe eine Lösung niederschreiben.

Spielleitung
Die Spielleitung ist im Gelände stets für alle gut sichtbar.

Bemerkungen / Schwierigkeiten
Das Gelände muss klar abgegrenzt werden, damit sich die Personen nicht zuweit weg verstecken.

Varianten
⟹   In der Nacht kann das Spiel mit Taschenlampen gespielt werden. Dabei wird versucht, herauszufinden wer jemand ist und welches Merkmal diese Person trägt.
⟹   Anstatt dass jede Person ein Merkmal trägt, können diese auch im Gelände verstreut werden.

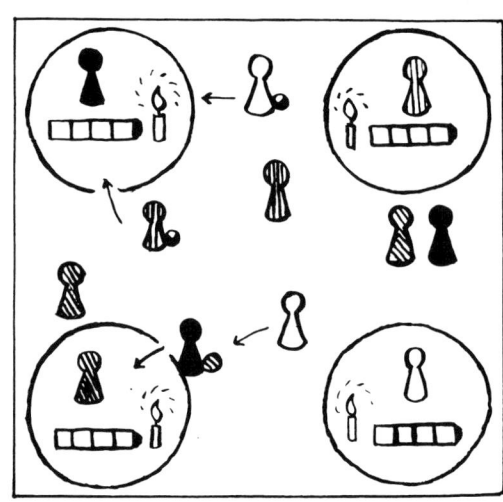

Gelände	300 m • 300 m
Anzahl	20 Personen, 5 Gruppen
Leitung	1 Person, eventuell auch 6
Alter ab	10 Jahren
Dauer	2 Stunden

Material

20	Farbwürfel aus Holz, zirka 10 cm gross, jede Seite eine andere Farbe.
250	Ballone in den 5 Farben, die auch auf den Farbwürfeln zu finden sind.
20	Blätter in den selben 5 Farben.
5	Würfellisten: 1 = rot, 2 = gelb, ...
5	Spielwürfel
5	Rollen Klebband
50	Reissnägel
⁕	Markierband oder alte Seile

Ziel, Geschichte

 Auf einem Spielfeld sind auf fünf Plätzen mit Fackeln oder Kerzen beleuchtete Farbwürfel aufgestellt. Ziel des Spieles ist es, möglichst viele Farbwürfel auf die zugeteilte Gruppenfarbe zu drehen oder zu blockieren.

Vorbereitung

 ◦ Die Teilnehmenden werden in fünf Gruppen eingeteilt. Jede Gruppe erhält das Material: 4 Farbwürfel, ein normaler Würfel, 50 Ballone, für jedes Mitglied ein Blatt Papier in der Gruppenfarbe, Reissnägel, Würfelliste. Danach wird irgendwo auf dem Gelände das Gruppennest eingerichtet. Dieses wird mit einem alten Seil umkreist und so eine neutrale Zone markiert. Dann werden alle Farbwürfel auf die eigene Gruppenfarbe gedreht und auf dem Rücken von jedem Gruppenmitglied wird ein Blatt mit der Gruppenfarbe befestigt.

Spielablauf

Nachdem die Gruppe einen Gruppenschrei vereinbart und diesen ausgestossen hat, wartet sie bis alle Gruppen ihren Schrei gerufen haben. Sobald der letzte ertönt ist, beginnt das Spiel. Das Gruppennest muss immer von einer Person besetzt sein, sonst können die Würfel von den anderen Gruppen beliebig gedreht werden.

Aufeinandertreffen

Der Rest der Gruppe macht sich, ausgerüstet mit 10 Ballonen, auf die Suche nach den gegnerischen Spielenden. Bei jedem Aufeinandertreffen mit einer oder mehreren Personen wird ein „Schere, Stein, Papier" gespielt. Die Person, die gewinnt, erhält von der anderen einen Ballon ihrer Gruppenfarbe. Dieser Ballon gibt das Recht einen Farbwürfel beim entsprechenden Gruppennest zu verändern.

Farbwürfel verändern

Sobald man einen Ballon einer anderen Gruppe gewonnen hat, muss dieser aufgeblasen und an den Schuhen befestigt werden. Auf dem Weg bis zum jeweiligen Gruppennest ist diese Person speziell verwundbar. Wenn der Ballon platzt, muss erst wieder ein neuer gewonnen werden. Die Gruppe, welcher der Ballon abgenommen wurde, darf diesen nicht kaputt machen, die anderen Gruppen können dies aber tun.

Wenn das gegnerische Gruppennest mit dem ganzen Ballon erreicht wird, kann mit dem bereitliegenden Zahlenwürfel eine neue Farbe bestimmt werden. Mit der geworfenen Augenzahl wird auf der Würfelliste nachgeschaut, auf welche Farbe ein beliebiger Farbwürfel gedreht werden

⟶

kann. Mit etwas Glück wird die eigene Gruppenfarbe bestimmt.

Farbwürfel blockieren

Wenn ein Würfel auf die sechste Farbe (die keine Gruppe hat) gedreht werden kann, wird dieser Würfel blockiert. Das Gruppenmitglied, das gewürfelt hat, stösst den Gruppenschrei aus, worauf sich die ganze Gruppe als erste dort versammeln muss. Schafft dies eine andere Gruppe, gehört der Würfel ihnen. Die Gruppe, die den Würfel gewonnen hat, fixiert einen Gruppenballon mit einem Reissnagel auf dem Würfel.

Spielschluss

Wenn alle Würfel auf die sechste Farbe umgestellt wurden oder nach einer bestimmten Zeit. Jeder Farbwürfel gibt für die entsprechende Gruppe einen Punkt. Jeder Farbwürfel, der durch eine Gruppe gesperrt wurde (sechste Farbe), gibt Extrapunkte.

Bemerkungen / Schwierigkeiten

* Das Spiel kann auch bei Tag durchgeführt werden. Die Ballone sind dann aber leicht erkennbar. Dies verleiht dem Spiel zusätzliche Aktivität.

* Wenn das Spiel mit Kindern gespielt wird, muss das Gruppennest durch eine Leitungsperson oder Jugendliche bewacht werden.

Varianten

→ Jedes Mal, wenn ein Würfel mit der sechsten Farbe blockiert werden kann, erhält die Gruppe einen Teil einer Koordinate oder eines Schatzplanes. Die Zahl wird auf dem Papier notiert, das auf den Rücken geklebt wurde. Mit der ganzen Koordinate kann ein Schatz oder eine weitere Information gefunden werden. Die Zahlen oder Schatzteile auf dem Rücken können von den anderen Gruppen natürlich durch geschicktes Vorgehen abgelesen werden.

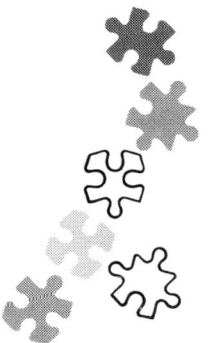

Fahnenspiel

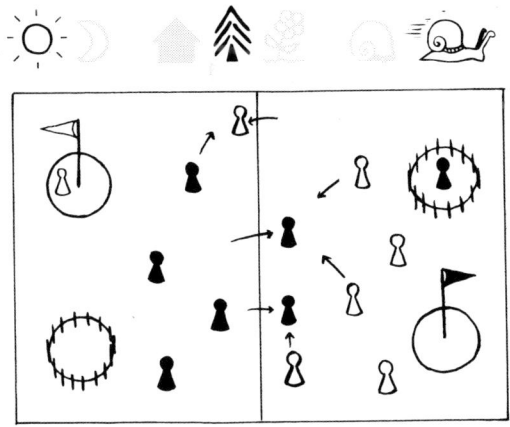

Gelände   100 m • 200 m

Anzahl   14 Personen, 2 Gruppen

Leitung   2 Personen

Alter ab   8 Jahren

Dauer   ½ Stunden

Material

  2 Fahnen

  * Seile oder Markierband

Ziel, Geschichte

Zwei Gruppen haben je ihr eigenes Spielfeld. Jede Gruppe ist in ihrem Spielfeld sicher, ihre Fahne befindet sich aber im gegenüberliegenden Feld in einer neutralen Zone, weit entfernt von der Grenze. Ziel ist es, die Fahne in das eigene Spielfeld zu holen.

Vorbereitung

* Das Spielgelände wird mit Markierband oder alten Seilen am Boden in zwei Felder unterteilt. In jedem Feld wird weit entfernt von der Grenze eine Fahne eingesteckt. Mit einem Markierband wird ein Kreis gelegt mit einem Durchmesser von drei Metern.

* In jedem Spielfeld wird mit Markierband ein Gefängnis von einem Meter Durchmesser ausgesteckt.

 * Jede Gruppe besammelt sich in ihrem Spielfeld und bespricht die Vorgehensweise.

Spielablauf

 Auf ein Signal hin beginnt das Spiel. Jede Gruppe muss versuchen, die eigene Fahne vom gegnerischen auf das eigene Spielfeld zu bringen. Mitglieder der gegnerischen Gruppe können im eigenen Gebiet durch Berührung gefangen genommen werden. Die Person muss in das Gefängnis. Die erste gefangene Person sitzt

⇒

im Gefängniskreis. Alle weiteren Gefangenen müssen einander berühren, können aber auch eine Kette bilden, um näher an die Grenze zu kommen. Wenn jemand aus der gleichen Gruppe eine Person der Kette berührt, sind sofort alle Gefangenen auf freiem Fuss.

In der neutralen Zone um die Fahne im gegnerischen Feld ist man nur geschützt, wenn sich auch die Fahne dort befindet. Wer mit der Fahne im gegnerischen Gebiet unterwegs ist und gefangen genommen wird, muss die Flagge auf der Stelle in den Boden stecken und ins Gefängnis gehen.

Spielschluss

Sobald eine Gruppe die eigene Flagge zurückgeholt hat.

Spielleitung

Die Spielleitung hält sich in der Nähe der Grenze und bei den Gefängnissen auf.

Varianten

⇒ Mehrere Fahnen können gesetzt werden. Die Fahnen haben zudem unterschiedliche Grössen und werden unterschiedlich bewertet.

⇒ Auf dem Spielgelände werden viele kleine Fähnchen verteilt. Mit diesen können einerseits Gefangene erlöst und andererseits kann die grosse Fahne um ein bestimmtes Stück (zum Beispiel zehn Fusslängen) Richtung Grenze versetzt werden.

⇒ Bestimmte Fahnen können in das gegnerische Feld geschmuggelt werden.

⇒ Statt ins Gefängnis müssen die berührten Personen stehen bleiben, bis jemand sie erlöst.

⇒ Jede Person erhält eine Jasskarte. Beim Aufeinandertreffen müssen beide ihre Karte zeigen. Die höhere gewinnt, die tiefere muss stehen bleiben. In beiden Gruppen müssen die gleichen Karten verteilt werden.

⇒ Spiel mit mehr als 2 Gruppen – beispielsweise mit drei: Gruppe A hat die Flagge im Gebiet der Gruppe B, die Flagge der Gruppe B ist im Gebiet der Gruppe C, jene der Gruppe C ist bei Gruppe A.

⇒ Das Flaggenspiel kann in der Nacht gespielt werden, beispielsweise in Kombination mit dem Kerzenspiel (Seite 74).

Fotojagd

Gelände	1 km • 1 km
Anzahl	8 Personen, 2 Gruppen
Leitung	1 Person
Alter ab	8 Jahren
Dauer	2 Stunden

Material
20 Fotos
 2 Stadtpläne

Ziel, Geschichte

 Ein Lösungswort muss herausgefunden werden.

Vorbereitung

* Fotos von Türen, Geschäften, Bäumen, Brunnen, Steinen, Pflanzen, ... machen. Auf den Fotos sind idealerweise Hinweise auf den möglichen Standort der Aufnahme erkennbar (Stromkabel der städtischen Verkehrsmittel, Kirche oder Bahnhof im Hintergrund, markante Kreuzungen).
* Posten ausstecken
 * Gruppen von maximal 4 Personen bilden.

Spielablauf

Jede Gruppe erhält Fotos von Gegenständen in der Stadt oder im Dorf. Dazu bekommt sie einen Stadt- oder Dorfplan, der in kleine Gebiete eingeteilt ist. Jedem Gebiet ist auf dem Plan ein Buchstabe zugeordnet. Die Buchstaben der Gebiete, in denen die abgebildeten Gegenstände gefunden werden, ergeben in der richtigen Reihenfolge ein Lösungswort. Dieses gilt es herauszufinden.

Spielschluss

 Sobald eine Gruppe das Lösungswort der Spielleitung bringt, oder nach einer festgelegten Zeit. Wenn beide Gruppen das Lösungswort noch nicht herausgefunden haben,

➜

Goldbarrensuche

 können die Gruppen abwechslungsweise auf bestimmte Gebiete tippen, bis eine Gruppe das Lösungswort bilden kann.

Spielleitung
Zentral in der Stadt richtet sich die Spielleitung ein und ist dort immer erreichbar.

Bemerkungen / Schwierigkeiten
Dieses Spiel muss zeitlich limitiert werden, damit einige Gruppen nicht stundenlang umherirren. Es kann auch ein Kontrollanruf vereinbart werden. Jede halbe Stunde muss jemand von der Gruppe der Spielleitung auf ein Natel oder in eine Telefonkabine anrufen.

Varianten
⟶ Auf den Fotos können auch Personen abgebildet sein (beispielsweise verkleidete Leitungspersonen). Diese bummeln in der Stadt umher und geben einen Buchstaben bekannt, sobald sie darauf angesprochen werden.

⟶ Dort, wo die Fotos geknipst wurden, kann ein Posten sein, bei dem eine Frage beantwortet oder eine Aufgabe gelöst werden muss.

⟶ Anstatt den Gruppen alle Fotos zu geben, sind an den Posten jeweils weitere Fotos zu sehen.

Gelände	300 m • 300 m (mit Verstecken)
Anzahl	24 Personen, 3 Gruppen
Leitung	1 Person
Alter ab	10 Jahren
Dauer	1 Stunde

Material
- 3 verschiedene Puzzles mit mindestens 20 Puzzleteilen, auf der Rückseite ein Schatzplan.
- 24 Rangkarten
- 1 Goldschatz
- Seile oder Markierband, um die Quartiere zu markieren.

Ziel, Geschichte

 Jede Gruppe muss ihre eigenen Puzzleteile erobern. Sobald das Puzzle vollständig zusammengesetzt ist, lässt sich auf der Rückseite ein Schatzplan entschlüsseln.

Vorbereitung

* Die Teilnehmenden werden in drei Goldsuchergruppen aufgeteilt.
* Jede Gruppe erhält die Hälfte der Puzzleteile der beiden anderen Goldsuchergruppen und ein Gruppennest zugeteilt.

Spielablauf

 Sobald das Spiel beginnt, muss jede Person, die auf Puzzlejagd geht, ein gegnerisches Puzzleteil und eine Rangkarte auf sich tragen. Die Rangkarten (Schatzmeisterin – Kanzler – Verwalterin – Bandit) können innerhalb der Gruppe frei verteilt und jederzeit gewechselt werden.

 Treffen während des Spieles zwei Personen aufeinander, müssen beide Puzzleteile hingelegt werden. Danach zeigen beide ihre Rangkarten. Die Person mit der „ranghöheren" Karte gewinnt und erhält beide Puzzleteile. Bei Ranggleichheit gehen beide mit ihrem Puzzleteil weiter.

Rangordnung:

 (je 2 Personen)
1. Schatzmeisterin
2. Kanzler
3. Verwalterin
4. Bandit
Die Banditen sind die Einzigen, welche die Schatzmeisterinnen besiegen können.

Spielschluss

 Die Gruppe, die den Schatz findet, hat gewonnen.

Spielleitung

Hält sich an einem zentralen Ort im Gelände auf und kontrolliert, dass die wenigen Regeln eingehalten werden.

Varianten

→ Die Gruppen erhalten zu Beginn keine gegnerischen Puzzleteile, sondern einen Plan, auf dem genaue Orte markiert sind, an denen nach gegnerischen Puzzleteilen gegraben werden kann.

→ Jede Gruppe muss nach ihrem eigenen Schatz suchen. Bevor eine Gruppe sich auf die Suche nach dem Schatz macht, müssen die verbleibenden Puzzleteile dann allerdings der Spielleitung abgegeben werden. Die anderen Gruppen erhalten so die Möglichkeit, die Teile trotz Abwesenheit der anderen Gruppe bei der Spielleitung nach dem Lösen einer Aufgabe zu gewinnen.

Goldfieber

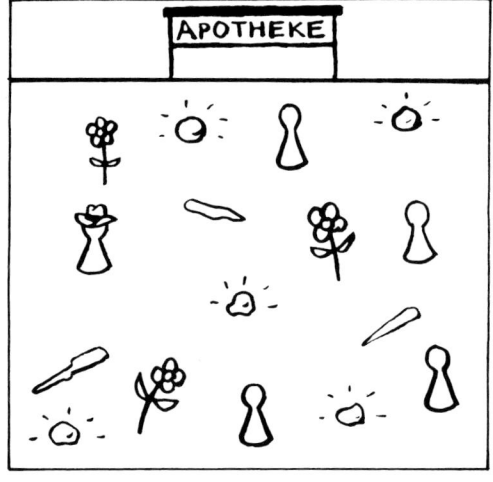

1 Apothekereinrichtung: weisser Arbeitsmantel, Waage, Saft und kleine Gefässe (zum Beispiel Filmdosen)
1 Goldsucherutensil: eine kleine Schaufel, ein Lederhut, eine Lupe, ein Sieb, ...
2 Liter Goldfiebersenkungsmittel (beispielsweise Orangensaft)
20 Goldbeutel für die Teilnehmenden.
1 Goldfieberthermometer, am besten aus Karton selber basteln, die Skala reicht von 0 bis 80 Grad.

Gelände	300 m • 300 m
Anzahl	20 Personen, keine Gruppen
Leitung	2 Personen
Alter ab	8 Jahren
Dauer	2 Stunden

Material

100 kleine Goldstücke (mit gelber Farbe bemalte Steine)
100 Goldblumen (auf gelbes Papier gezeichnete Blumen in roter, gelber und blauer Farbe)
100 Eiszapfen (bläuliche, einzeln verpackte Bonbons)

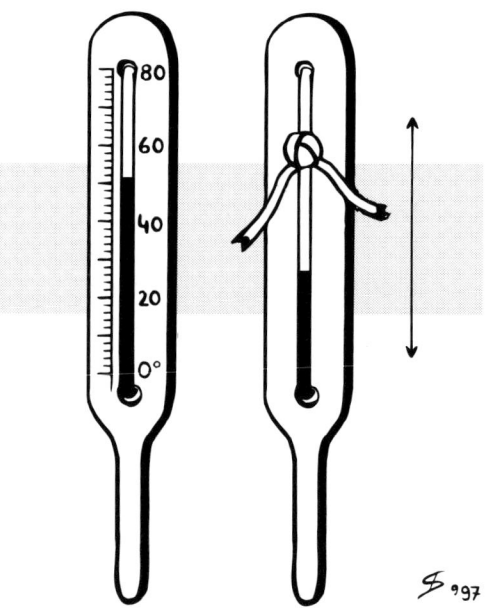

Vorder- und Rückseite
des Goldfieberthermometers

Ziel, Geschichte

 Mrs Cool, von Beruf Apothekerin, begrüsst die Teilnehmenden und bittet sie um Hilfe. Ihr alter Freund Joe McNugget ist dem Goldfieber verfallen. Seither ist er ständig auf der Suche nach Goldstücken. Er redet mit niemandem mehr und ist immer einsam unterwegs. Wenn er nicht bald von seinem Goldfieber geheilt wird, befürchtet Mrs Cool, wird er mit Goldsuchen erst aufhören, wenn er tot umfällt.

Vorbereitung

* Goldstücke im Gelände so verstecken, dass es nicht zu schwierig ist, sie noch zu finden.
* Eiszapfen und Goldblumen im ganzen Spielgelände aufhängen.
* Apotheke einrichten.

Spielablauf

 Die Teilnehmenden sollen nach den Dingen suchen, die McNugget von seinem Goldfieber heilen können. Zudem sollen möglichst viele Goldklumpen gefunden werden, damit McNugget sich nicht noch stärker in sein Goldfieber steigert, wenn er sie selber findet.

Eiszapfen

 Das Goldfieber kann mit Eiszapfen gekühlt werden, und zwar jeweils um 2 Grad. Diese müssen McNugget in seine Tasche gesteckt werden.

Goldblumen

 Wenn Goldblumen mit Sicherheitsnadeln am Mantel von McNugget befestigt werden, haben diese eine fiebersenkende Wirkung. Diese ist umso stärker, je „kühler" die Blütenfarbe ist: Rote Blumen kühlen um drei, gelbe um vier und blaue um fünf Grad.

Goldstücke und Fiebersenkungsmittel

 Jedes Goldstück, das McNugget findet, erhöht sein Fieber um zehn Grad. Die Teilnehmenden können gegen Goldstücke in der Apotheke ein Fiebersenkungsmittel kaufen, welches McNugget verabreicht werden muss. Für ein Goldstück ist eine Einheit Goldfiebersenkungsmittel erhältlich, die das Fieber um fünf Grad senkt.

Joe McNugget

 Joe McNugget ist mit Goldsucherutensilien und einem Goldfieberthermometer unterwegs. Er hat es nicht gerne, wenn andere seine Goldstücke finden. Deshalb versucht er den anderen die Goldstücke abzunehmen. Diese müssen entweder davonlaufen – McNugget ist nämlich alt und gar nicht etwa schnell – oder die Goldstücke im Gelände wieder verstecken. Wenn McNugget jemanden anspricht, muss diese Person alles

Gold, das sie auf sich trägt, abgeben, weil das Gebiet ihm gehört.

Er hasst es zudem, jede Art von Medizin einzunehmen. Hat er den Eindruck, dass ihn jemand behandeln will, sucht er seinerseits das Weite. Die Teilnehmenden können den goldsüchtigen McNugget natürlich auch mit Gold anlocken, um die Medizin verabreichen zu können. McNugget lässt sich je nach Verfassung und Spass der Teilnehmenden besser oder schlechter dazu überreden. Bevor die Teilnehmenden Mc Nugget nach dem Verabreichen der Medizin oder nach dem Befestigen einer Goldblume wieder verlassen, misst dieser jeweils sein Goldfieber und justiert das Thermometer.

Mrs Cool

Sie begleitet die Teilnehmenden zum Goldgelände und unterhält danach die Apotheke ausserhalb des Goldgeländes. Dort sind alle sicher vor McNugget. Natürlich steht sie jederzeit für Fragen zur Verfügung und gibt hilfreiche Tipps.

Beeinflussen des Spieles

McNugget kann das Spiel sehr gut beeinflussen, indem er sich schneller zur Medikamenteneinnahme überreden lässt, mehr oder weniger Goldstücke findet, Goldblumen wieder aufhängt oder die eigenen Goldstücke wieder versteckt.

Spielschluss

Wenn das Fieber auf null Grad sinkt, ist McNugget geheilt. Er erwacht aus seinem Goldwahn und fragt sich, was er hier überhaupt macht. Alle begleiten ihn zur Apothekerin, die einen riesigen Goldklumpen für dieses Fest bereithält (Schokolade in Goldpapier).

Spielleitung

Joe McNugget, Mrs Cool, eventuell eine weitere Leitungsperson, die mit den Teilnehmenden zusammenarbeitet.

Bemerkungen / Schwierigkeiten

Für dieses Spiel ist es nicht notwendig, fixe Untergruppen zu bilden. Es bleibt den Teilnehmenden überlassen, ob sie lieber alleine oder in Gruppen suchen und heilen wollen.

Varianten

⟹ Auf dem Spielfeld befinden sich mehrere McNuggets.

⟹ Mrs Cool verkauft das Fiebersenkungsmittel nicht immer zum gleichen Preis. Sie macht den Verkaufspreis von der Höhe des Fiebers von McNugget und der Nachfrage abhängig.

⟹ Durch Ereignisse nimmt das Fieber von McNugget zu oder ab.

Jasskartenspiel

Gelände	100 m • 100 m
Anzahl	20 Personen, 2 Gruppen
Leitung	2 Personen
Alter ab	8 Jahren
Dauer	1 Stunde

Material
10 Jasskartensets
10 Gruppenkennzeichen

Ziel, Geschichte

 Jede Gruppe versucht so viele Punkte wie möglich in ihr Gruppennest zu bringen.

Vorbereitung

 • Für jede Gruppe wird am Rande des Spielfeldes ein Gruppennest von drei auf drei Metern eingerichtet.

Spielablauf
Karte holen

 Pro Gruppe muss eine Person im Gruppennest bleiben und die Karten sammeln. Die anderen holen sich bei jemandem der Spielleitung eine Jasskarte. Pro Begegnung wird nur eine Karte abgegeben. Diese Karte muss jetzt in das Gruppennest gebracht werden. Es dürfen nicht mehrere Karten gleichzeitig transportiert werden, ausser wenn in einem Duell eine Karte gewonnen wurde.

Karte gewinnen

 Eine Karte kann in einem Duell erobert werden. Dazu muss eine gegnerische Person ausser Sichtweite des Kartenverteilers berührt werden. Wer die höhere Karte hat, darf die niedrigere Karte des Gegners mitnehmen und beide Karten ins Gruppennest bringen.
Sobald eine Person zwei oder mehr Karten hat, darf sie niemanden mehr zum Duell auffordern. Es ist aber

Kerzenspiel

möglich, von jemandem zu einem Duell aufgefordert zu werden. Hat die gegnerische Person die höchste Karte, kann sie alle Karten einziehen. Trifft dies nicht zu, muss diese die Karte abgeben.

Gleich hohe Karten

 Zwei gleich hohe Karten neutralisieren sich gegenseitig. Die beiden Spielenden müssen solange zusammenbleiben, bis eine andere Person mit einer Spielkarte kommt. Diese darf alle Karten mitnehmen, auch wenn die eigene Karte kleiner ist.

Spielschluss

 Nach Ablauf der vorher festgelegten Zeit oder wenn alle im Spiel befindlichen Karten von der Spielleitung verteilt und im Gruppennest sind.

 Punkteverteilung: Ass 11, König 4, Dame 3, Bube 2, Zehn 10, Neun 9 usw.

Spielleitung

Zwei Personen, die sich kostümiert (als Dame und König) auf dem Spielfeld bewegen.

Varianten

⇒ Dieses Spiel kann als Grundmuster einer Begegnung von zwei gegnerischen Spielenden dienen und in anderen Spielen verwendet werden. Beide tragen eine Karte auf sich, die höhere Karte gewinnt jeweils.

Gelände	100 m • 100 m
Anzahl	12 Personen, 2 Gruppen
Leitung	2 Personen
Alter ab	10 Jahren
Dauer	½ Stunde

Material
12 Kerzen
2 Campingkerzen

Ziel, Geschichte

 Im Nest der beiden Gruppen brennt eine Campingkerze. Die Spielenden versuchen die Campingkerze der gegnerischen Gruppe zu löschen.

Vorbereitung

 * Bildung von zwei gleich starken Gruppen.
* Alle Mitspielenden erhalten eine Kerze. Jede Gruppe erhält eine Campingkerze.

Spielablauf

Einrichten des Gruppennestes

Beide Gruppen begeben sich in entgegengesetzter Richtung an den Rand des Spielfeldes. Dabei werden die Gruppen von jemandem der Spielleitung begleitet. Am Rand des Spielfeldes zündet die Spielleitung die Campingkerze an und geht in die Mitte des Spielfeldes. Dort wird das akkustische Startzeichen gegeben, sobald beide Gruppen bereit sind.

Gegnerische Campingkerze auslöschen

Die Spielenden machen sich auf die Suche nach dem gegnerischen Gruppennest, um die Campingkerze auszublasen. Sie dürfen sich nur mit einer brennenden Kerze vorwärts bewegen. Erlischt die Kerze, müssen sie ins eigene Gruppennest zurückkehren, um diese wieder anzuzünden. Auf dem Weg zurück, wenn also die eigene Kerze nicht brennt, darf keine gegnerische Kerze ausgeblasen werden. Zur Verteidigung der eigenen Campingkerze dürfen die Kerzen der Angreifenden ausgeblasen werden.

Spielschluss

 Gewonnen hat die Gruppe, der es gelingt, die gegnerische Campingkerze auszublasen.

Spielleitung

Zwei Personen, die sich im Spielgelände, am besten in der Nähe der Gruppennester, aufhalten.

Bemerkungen / Schwierigkeiten

Niemand darf Zündhölzer oder ein Feuerzeug gebrauchen!

Varianten

→ Jede Gruppe hat zwei Campingkerzen. An der einen dürfen die eigenen kleinen Kerzen entflammt werden, die andere muss vor dem Auslöschen durch die gegnerische Gruppe beschützt werden.

König und Prinzessin

4·5 Verschiedene Gegenstände, die mit verschiedenen Farben gekennzeichnet sind.

200 Punktekarten, von 1 bis 10 nummeriert.

20 Wolfsfellkarten

4 Landkarten, auf denen die Schatztruhen eingezeichnet sind.

1 Gesichtsmalfarbe

Gelände	400 m • 400 m
Anzahl	25 Personen, 5 Gruppen
Leitung	2 Personen
Alter ab	12 Jahren
Dauer	2 Stunden

Material

25 Taschenlampen

4 Kronen

9 Nummern für Prinzessinnen und Wölfe, Sicherheitsnadeln zum Befestigen der Nummern am Rücken.

1 Spielbrett

5 Figuren für das Spielbrett.

4 Truhen (Kisten) mit Schloss und Schlüssel.

Ziel, Geschichte

 Vier Prinzessinnen, unterstützt von je vier Dienern, werben um die Gunst des jungen Königs. Dieser verlangt von ihnen, dass sie ihm fünf Gegenstände bringen, die im Wald versteckt sind. Fünf Wölfe machen den Prinzessinnen die Gegenstände streitig.

Vorbereitung

* Die Punktekarten und die verschlossenen Truhen werden im Gelände verteilt. In jeder Truhe befinden sich vier gleiche Gegenstände, die mit verschiedenen Farben versehen sind. Jede Farbe entspricht einer Gruppenfarbe.

* Bildung von fünf Gruppen. Eine Gruppe sind die Wölfe, vier Gruppen setzen sich aus einer Prinzessin

und vier Dienern zusammen. Die Prinzessinnen tragen eine Krone, die Wölfe eine schwarze Gesichtsbemalung; alle tragen eine Nummer am Rücken.

* An einem zentralen Ort befindet sich ein Spielbrett mit 50 Feldern. Auf dem Spielbrett sind vier Spielfiguren, ein Schatz und die 5 Schlüssel der Truhen verteilt. Jede Figur ist mit einer Gruppenfarbe versehen.

Spielablauf

Gruppennest einrichten

Die Wölfe erhalten je vier Wolfsfellkarten und verteilen sich im Gelände. Die vier Gruppen holen sich beim Spielbrett eine Karte, auf der die Standorte der Truhen eingetragen sind. Dann suchen sie sich im Spielgelände ein Gruppennest. Dort versteckt sich die Prinzessin mit dem Plan, auf dem die Standorte aller Truhen eingezeichnet sind.

Gegenstände gewinnen

 Die Diener sammeln die im Gelände verteilten Punktekarten und jagen Wölfe. Die gesammelten Punktekarten können am Spielbrett eingelöst werden. Mit der Summe der eingelösten Punkte können die Figuren auf dem Spielbrett bewegt werden. Dabei verfolgen die Diener das Ziel, mit der Figur ihrer Gruppenfarbe auf ein Feld mit einem Schlüssel und gleichzeitig mit einer gegnerischen

 Figur auf das Feld mit dem entsprechenden Schatz zu gelangen. Gelingt dies, können sie den Schlüssel mitnehmen und ihn der Prinzessin bringen. Diese macht sich auf die Suche nach der Truhe, zu welcher der Schlüssel passt. Hat sie die Truhe geöffnet, nimmt sie den Gegenstand in ihrer Gruppenfarbe heraus, hängt diesen um den Hals, schliesst die Truhe wieder und übergibt den Schlüssel einem Diener, der ihn sofort zum Spielbrett zurückbringt.

Wölfe jagen

 Anstatt Punktekarten zu sammeln, können die Diener auch Wölfe jagen, indem sie laut ihre Nummer rufen. Dann sind die Wölfe gefangen und müssen für ihre Freilassung eine Wolfsfellkarte abgeben. Der Diener muss sich danach 100 Schritte vom Wolf entfernen. Wolfsfellkarten zählen 30 Punkte. Hat ein gefangener Wolf keine Wolfsfellkarte mehr, muss er einen Gegenstand abgeben, falls er einen besitzt. Wolfsfellkarten können am Spielbrett nach dem Erfüllen einer vom König festgelegten Aufgabe erworben werden.

Wie die Wölfe zu den Gegenständen kommen

Die Wölfe lauern auf Prinzessinnen, die mit Gegenständen unterwegs sind, und überfallen diese, indem sie ihre Nummer aufrufen. Um sich zu befreien, muss die Prinzessin dem Wolf einen Gegenstand abgeben. Dieser wird dem Wolf um den Hals gehängt. Wölfe, die eine Prinzessin überfallen, dürfen erst wieder gejagt werden, nachdem sie sich 100 Schritte von der Prinzessin entfernt haben. Wölfe, die keine Wolfsfellkarte besitzen, dürfen keine Prinzessin überfallen.

Spielende

 Gewonnen hat die Gruppe (Prinzessinnen oder Wölfe), die als erste die fünf Gegenstände zum Spielbrett bringt.

Spielleitung

Die Spielleitung spielt den König, eine zweite Person bewegt sich frei im Gelände.

Bemerkungen / Schwierigkeiten

Die Punktekarten können, nachdem sie am Spielbrett eingelöst wurden, von der Spielleitung wieder versteckt werden.

Landsgemeinde

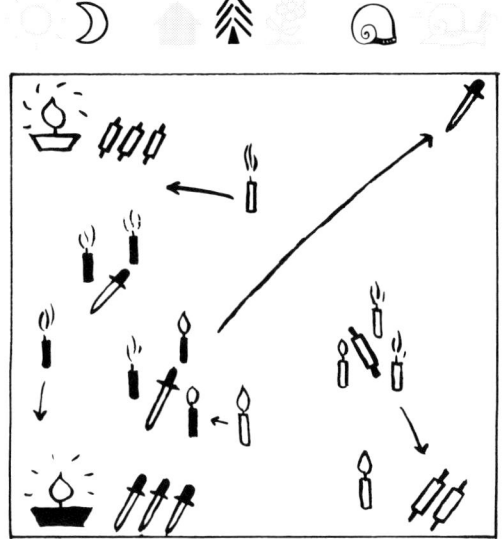

Gelände	200 m • 200 m
	(möglichst hindernisfrei)
Anzahl	20 Personen, 2 Gruppen
Leitung	2 Personen
Alter ab	10 Jahren
Dauer	2 Stunden

Material

  10 Wallhölzer
  10 Säbel
  20 Kerzen
   2 Campingkerzen
  • Landkarten oder Pläne

Ziel, Geschichte

 Währenddem die Appenzeller-Männer ihre Säbel holen, um sich zur Landsgemeinde zu begeben, versammeln sich die Appenzeller-Frauen, um mit Wallhölzern ihr Stimmrecht zu erkämpfen. Wallhölzer und Säbel sind an verschiedenen Orten deponiert. Die Wege zur Landsgemeinde und zum Frauentreffen kreuzen sich.

Vorbereitung

* Säbel und Wallhölzer auf zwei Depots verteilen.

 * Bildung von zwei gleich grossen Gruppen.

Spielablauf

Gruppennest einrichten

 Beide Gruppen erhalten eine Karte, auf der Zielort und Depot ihrer Gegenstände eingetragen sind. Jede Gruppe sucht das Depot auf und denkt sich dort einige Wetten aus, die sie zu gewinnen glaubt. Danach wird die Campingkerze angezündet und alle zünden daran ihre kleinen Kerzen an.

Transportieren der Gegenstände

 Jede Gruppe muss die zehn im Depot liegenden Gegenstände zu ihrem Ziel transportieren. Jeder Gegenstand muss immer von drei Personen begleitet werden. Solange mindestens eine der drei Begleitpersonen eine brennende Kerze hat, kann

 sich die Gruppe mit dem Gegenstand zum Ziel hin bewegen. Sind alle drei Kerzen ausgelöscht, so muss im Depot wieder Licht geholt werden. Dabei genügt es, wenn eine Person zurückkehrt und die andern beiden an Ort und Stelle auf sie warten.

Weitere Gegenstände gewinnen

 Treffen zwei Transportgruppen aufeinander, versuchen beide Gruppen die Kerzen der anderen Gruppe zu löschen. Sobald eine Gruppe keine brennende Kerze mehr hat, wird die Wette durchgeführt, welche sich die Gewinnergruppe ausgedacht hat. In Zweifelsfällen wird mit dem Spiel „Schere, Stein, Papier" entschieden. Die Siegenden aus der Wette erhalten den Gegenstand der Verlierenden und tragen diesen ins eigene Ziel.

Spielschluss

 Gewonnen hat die Gruppe, die als erste alle zehn Gegenstände zum Ziel transportiert oder nach Ablauf der Spielzeit am meisten Gegenstände im Ziel hat.

Spielleitung

Eine Person streift in der Gegend umher und jemand bleibt bei einem zentralen Punkt als Anlaufperson bei Problemen.

Bemerkungen / Schwierigkeiten

Die Spielenden dürfen keine Zündhölzchen oder Feuerzeuge bei sich tragen.

Leuchtturm

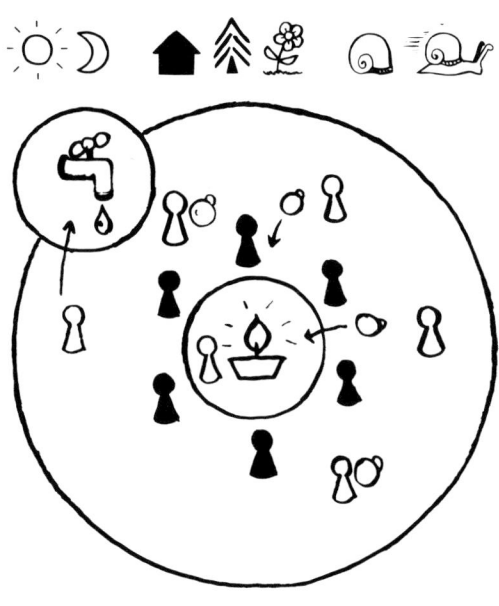

Gelände	50 m • 50 m
	(mit guter Deckung)
Anzahl	12 Personen, 2 Gruppen
Leitung	1 Person
Alter ab	8 Jahren
Dauer	½ Stunde

Material

5 Campingkerzen
100 Wasserballone
1 altes Seil oder zirka 50 Meter Markierband.

Ziel, Geschichte

Mit Wasserballonen versucht eine Gruppe das Feuer (5 Campingkerzen) der anderen Gruppe zu löschen.

Vorbereitung

* Im Zentrum des Spielfeldes einen Kreis von 10 Metern Durchmesser abstecken und fünf brennende Kerzen darin aufstellen.
* Falls am Rand des Spielfeldes kein Wasseranschluss oder Brunnen vorhanden ist, müssen die Wasserballone gefüllt werden.
* Bildung von zwei Gruppen.

Spielablauf

Eine Gruppe verteilt sich um den Kreis (Verteidigende), die andere sucht sich ein Gruppennest am Rande des Spielfeldes (Angreifende). Nach einem Startsignal versuchen die Angreifenden die Kerzen mit Wasserballonen zu löschen. Beide Gruppen dürfen den Kreis nicht betreten. Die Verteidigenden schützen die Kerzen und versuchen die Angreifenden zu fangen. Dazu genügt eine Berührung. Die gefangenen Angreifenden müssen in den Kreis und können durch eine Berührung einer angreifenden Person wieder befreit werden.

Spielschluss

 Wenn alle Kerzen gelöscht sind oder nach einer bestimmten Zeit, wenn es den Angreifenden nicht gelungen ist, die Kerzen zu löschen.

Spielleitung

Eine Person, die sich in der Nähe des Kreises aufhält.

Bemerkungen / Schwierigkeiten

Das Spiel zweimal nacheinander durchführen, wobei beide Gruppen einmal die angreifende und die verteidigende Gruppe spielen.

Varianten

⟹ Beide Gruppen verteidigen ein eigenes Feuer, sind also gleichzeitig Angreifende und Verteidigende.

⟹ Die angreifende Gruppe muss sich die Wasserballone bei der Spielleitung durch das Lösen einer Aufgabe verdienen.

Listige Indianerinnen

5 Blätter im Doppel, auf welche je 14 der 70 Symbole genau übertragen werden.

5 Set Farbstifte mit je 4 verschiedenen Farbstiften.

5 verschiedene Schminkfarben

10 Schachteln Streichhölzer

5 Blachen oder Stoffresten für die Tipis.

Gelände	150 m • 150 m (mit Hügeln / Gebüschen)
Anzahl	20 Personen, 5 Gruppen
Leitung	6 Personen
Alter ab	10 Jahren
Dauer	2 Stunden

Material

1 Lösungsblatt (für Häuptling): Auf jedes der 70 Felder ein Symbol malen, zum Beispiel einen roten Kreis in einem gelben Dreieck oder ein blaues Viereck um eine grüne Blume.

5 Spielbretter aus Holz, Leder oder Papier mit 70 leeren Feldern.

Ziel, Geschichte

 Fünf Indianerstämme fordern einander zu einem Wettkampf heraus, in dem der Stamm der Stämme erkoren werden soll. Jeder Stamm erhält ein Spielbrett mit 70 leeren Feldern, zusätzlich zwei Blätter, auf welchen 14 der 70 Felder mit den farbigen Symbolen ausgefüllt sind. Jeder der fünf Stämme hat also 14 der 70 Symbole auf dem Zusatzblatt erhalten. Nachdem die 14 Symbole des Blattes auf das Brett übertragen sind, müssen die restlichen 56 Symbole bei den anderen Stämmen herausgefunden und auf das eigene Spielbrett übertragen werden. Gewonnen hat der Stamm, der zuerst sein ganzes Spielbrett korrekt mit 70 farbigen Symbolen beim Häuptling präsentieren kann.

Vorbereitung

 Gruppeneinteilung und Material verteilen. Jede Gruppe erhält ein Spielbrett mit 70 leeren Feldern, vier verschiedenfarbige Farbstifte, zwei gleiche Blätter mit 70 Feldern, auf welchen 14 Symbole farbig eingezeichnet wurden, zwei Schachteln Streichhölzer, eine Schminkfarbe und einige Stoffreste.

Spielablauf

Zelte aufschlagen

Jeder Stamm wird von einer Leitungsperson begleitet. Er sucht sich im Wald einen Stammplatz und schlägt dort symbolisch ein Tipi auf.

Zudem bastelt sich jeder Stamm einen Stock. Danach wird ein kurzes Spiel bestimmt mit dem eine siegende Person oder Gruppe ermittelt werden kann und das beim Zusammentreffen mit einem gegnerischen Stamm gespielt werden kann. Die Gruppe malt sich mit der Gruppenfarbe gegenseitig ein Gruppensymbol auf die Wangen.

Symbole sammeln

Jeder Stamm hat zwei Blätter mit den gleichen 14 Symbolen erhalten, die nun auf das leere Spielbrett übertragen werden können. Die restlichen

Symbole sind bei den anderen Stämmen zu finden. Nach einem Pfeifsignal durch den Häuptling gehen deshalb alle Stämme auf die Suche nach anderen Stämmen.

Herausfordern von Stämmen

Ein gegnerischer Stamm kann herausgefordert werden, indem ein Mitglied des gegnerischen Stammes berührt und gleichzeitig die Gruppenfarbe laut gerufen wird. Sobald ein Stamm herausgefordert wird, stecken beide Stämme ihren Stock in den Waldboden. Solange diese Stöcke im Waldboden stecken, darf keine andere Gruppe in die Nähe der beiden Stämme kommen. Der herausfordernde Stamm bestimmt das Spiel, das gegeneinander gespielt wird. Der Stamm, der gewinnt, erhält das Recht, solange wie ein Streichholz brennt, auf das gegnerische Spielblatt mit den 14 Symbolen zu schauen und sich die Symbole, deren Farben und Positionen zu merken.

Symbole auf das Spielbrett übertragen

Das eigene Spielbrett bleibt immer beim Tipi und muss nun dort ergänzt werden. Der Stammplatz wird von einem Gruppenmitglied bewacht, damit keine andere Gruppe zu unerlaubten Informationen kommt.

Spielschluss

Hat ein Stamm alle Felder ausgefüllt, muss er den Häuptling im Wald suchen (festes Lager). Dieser kontrolliert das Spielbrett. Wenn alles richtig ist, hat die Gruppe gewonnen und beendet das Spiel mit einem riesigen Geschrei.

Ist etwas falsch, muss die Gruppe zurück in ihr Lager und den Fehler suchen.

Spielleitung

Eine Person übernimmt die Rolle des Häuptlings, die anderen spielen mit einem Stamm mit oder bewachen das Gruppennest.

Varianten

➯ Eine oder mehrere Leitungspersonen übernehmen die Rolle des „Schnellen Pfeils". Dieser hat ein komplettes Spielbrett auf den Rücken gebunden und läuft im Wald umher. Die Gruppen können die Symbole dort ablesen. Das Spielbrett des Schnellen Pfeils kann auch unvollständig sein, wobei eine Anzahl Symbole, wie oben beschrieben, auf die Stämme verteilt sind.

➯ Die Symbole können in mehr als fünf Blöcke aufgeteilt werden; mit fünf Gruppen beispielsweise auch in zehn Blöcke zu sieben Symbolen.

➯ Die Anzahl der Felder und Symbole kann reduziert werden, damit das Spiel einfacher und kürzer wird.

Mäuse-Vorrats-Jagd

Gelände	300 m • 300 m
Anzahl	20 Personen, 4 Gruppen
Leitung	3 Personen
Alter ab	8 Jahren
Dauer	1 Stunde

Material

- 8 Jutesäcke
- 4 Flaschen Traubensaft
- 4 Käse
- 20 Becher
- 8 Päcklein Aperitifgebäck
- 4 Brote
- 4 Rollen Krepppapier in verschiedenen Farben
- 12 Kleber

Ziel, Geschichte

Der Winter naht und die Mäuse haben ihren Vorrat noch nicht zusammen. Heute, haben sie sich vorgenommen, wird der Vorrat aufgestockt. Wenn sich dies alle Mäuse gleichzeitig vornehmen, ist ein Gerangel um die Lebensmittel oder Reserven vorprogrammiert.

Vorbereitung

- Den Vorrat in Krepppapier einwickeln, so dass in jeder Farbe ein gleiches Set vorhanden ist.
- Vorrat im Dorf oder in der Stadt verstecken.
- Bildung von 4 Gruppen.

Spielablauf
Mäuse

Jeder Mäusegruppe wird ein Mauseloch am Rande des Spielfeldes zugeteilt. Dort findet die Gruppe das Krepppapier in ihrer Gruppenfarbe und zwei Jutesäcke. Jede Gruppe geht dann auf Vorratssuche. Für jede Gruppe sind im Spielfeld zehn Vorratspakete in der Gruppenfarbe versteckt. Diese gilt es zu finden. Jedes Vorratspaket muss einzeln in einem Jutesack zum Mauseloch zurückgebracht werden.

Katzen

Eine Person jeder Mäusegruppe ist eine Katze. Diese erhält drei Kleber.

Miss Marple

Kann ein solcher Kleber einer Maus aus einer anderen Gruppe angeklebt werden, so muss diese Maus den Vorratssack leeren und der Katze abliefern. Diese Vorratspakete zählen aber nicht als eigener Vorrat. Die Katze darf nicht unabhängig von ihrer Gruppe jagen. Täuschungsmanöver sind natürlich erlaubt. Die Mäuse können einen Sack auch mit Steinen füllen ...

 Zwei Katzen (Spielleitung) schleichen durch das Spielgelände und kontrollieren die Jutesäcke. Wenn mehr als ein Gegenstand im Sack transportiert wird, müssen die Mäuse alle Vorräte, die im Sack sind, abgeben.

Spielschluss

 Wenn eine Mäusegruppe alle Vorräte beisammen hat, packt sie alles in den Sack und geht damit zur Mäusekönigin im Zentrum des Spielfeldes. Nachdem das Spiel beendet ist, wird mit den Vorräten ein Aperitif für alle vorbereitet.

Spielleitung

Zwei Katzen, welche die Säcke kontrollieren und eine Mäusekönigin.

Gelände	1 km • 1 km
Anzahl	18 Personen, 3 Gruppen
Leitung	2 Personen
Alter ab	12 Jahren
Dauer	2 Stunden

Material

1	Natel
4	Stadtpläne
1	Verkleidung für Miss Marple
3	Telefonkarten
20	Tageskarten der öffentlichen Verkehrsmittel

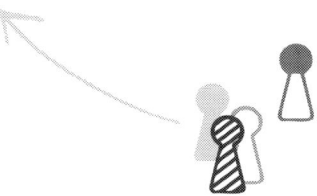

Ziel, Geschichte

 Miss Marple ist irgendwo in der Stadt unterwegs. Drei Gruppen machen sich auf die Suche nach ihr. Regelmässig können die Gruppen telefonisch von ihr Hinweise erhalten, damit sie irgendwann auf sie treffen.

Vorbereitung

* Auf dem Stadt- oder Dorfplatz Orte heraussuchen, wo sich Miss Marple hinbegeben könnte und bestimmen, welche Informationen über diese Aufenthaltsorte an die Gruppen weitergegeben werden sollen.

 * Zeitplan festlegen, wann welche Gruppe Miss Marple anrufen kann.

* Einteilung der Gruppen.

Spielablauf

 Nach der Gruppeneinteilung erhalten alle die Natel-Telefonnummer von Miss Marple und machen sich gruppenweise zuerst einmal auf gut Glück auf die Suche. Nach einem festen Zeitplan (zum Beispiel alle 20 Minuten) können die Gruppen Miss Marple über das Natel erreichen. Sie gibt ihnen dann einen Tipp, wo sie sich zur Zeit befindet. Die Informationen müssen allerdings so sein, dass sie noch entschlüsselt werden müssen. In erster Linie werden also Anhaltspunkte weitergegeben.

 Miss Marple kann an ihrer auffälligen Kleidung erkannt werden.

Spielschluss

 Sobald eine Gruppe Miss Marple gefunden hat. Beim nächsten Anruf wird den beiden anderen Gruppen der genaue Standort bekannt gegeben.

Spielleitung

Eine Person macht am Anfang die Spielerklärung und teilt die Gruppen ein. Die andere Leitungsperson verkleidet sich auffällig und spielt Miss Marple.

Varianten

→ Besonders spannend wird es, wenn jede Gruppe zwei Walkie-Talkies hat. Dadurch wird es möglich, dass sich die Gruppe aufteilt.

→ Wenn zwei Suchgruppen aufeinander treffen, könnten sie Informationen austauschen oder einander irreführen.

→ Kann ein Lokalradio für die Mitarbeit gefunden werden, dann gibt Miss Marple die Anhaltspunkte ins Radio-Studio weiter. Die Anweisungen werden alle 30 Minuten über das Radio gesendet. Jede Gruppe muss deshalb ein Radio mittragen. Diese Form eignet sich besonders gut für ein Stadtspiel mit sehr vielen Teilnehmenden.

Nacht der Gnomen, Trolle und Zwerge

Gelände	300 m • 300 m
Anzahl	18 Personen, 3 Gruppen
Leitung	2 Personen
Alter ab	12 Jahren
Dauer	1 Stunde

Material

6 Zettel, auf denen je eine
   Erweckungsart geschrieben ist.
18 Tücher
3 Rollen Klebband
3 Schminkfarben

Ziel, Geschichte

Die Nacht gehört den Gnomen, Trollen und Zwergen. Jede dieser Gruppen will in dieser Nacht so zahlreich wie möglich werden.

Vorbereitung

• Einteilung in drei Gruppen zu vier Personen. Alle erhalten ein Tuch, das mit Klebband auf den Schultern befestigt wird. Jede Gruppe malt sich zudem ein Gruppenkennzeichen mit Schminkfarbe auf das Gesicht.

• Die anderen sechs Personen, die nicht eingeteilt wurden, sind tote Wesen und erhalten einen Zettel, auf dem die Erweckungsart steht, dank der sie durch die Gnome, Trolle oder Zwerge wiederbelebt werden können.

Spielablauf
Tote Wesen

Die toten Wesen verstecken sich im Wald. Sie können von den Gruppen erweckt werden. Es gibt verschiedene Erweckungsarten: Tanz um das tote Wesen, Geistergesang, mit etwas Wasser erfrischen, drei Minuten absolute Stille, Handmassage oder ins Gesicht blasen.

Sobald eine Gruppe ein totes Wesen findet, darf mit zwei Erweckungsarten versucht werden, dem Wesen Leben einzuhauchen. Wenn die gewählte Erweckungsart richtig war, gesellt sich das erweckte Wesen zu der Gruppe und gibt den Zettel mit der Erweckungsart einer beliebigen Person aus der Gruppe weiter. Diese Person bleibt vorläufig in der Gruppe. Wenn nicht die richtige Erweckungsart angewandt wurde, darf sich das Wesen aus dem Staub machen und sich an einem anderen Ort niederlassen. Die Gruppe muss eine kurze Zeit warten, bis das Wesen nicht mehr sichtbar ist.

Andere Gruppen

Weitere Gruppenmitglieder können nebst dem Erwecken der toten Wesen gewonnen werden, indem von den andern Gruppen jemand herausgefordert wird. Dazu muss einer Person aus der gegnerischen Gruppe das Tuch weggenommen werden. Ein „Schere, Stein, Papier" zwischen den gegnerischen Personen entscheidet, ob der Gnom, Troll oder Zwerg nun die Gruppe wechseln muss. Gewinnt die herausgeforderte Gestalt, geschieht nichts, verliert sie, muss sie die Gruppe wechseln.

Wie bereits oben beschrieben, gibt ein totes Wesen, das erweckt wurde und sich der Gruppe anschliesst, den Erweckungszettel weiter an ein anderes Gruppenmitglied. Wird nun die Person mit dem Erweckungszettel von der gegnerischen Gruppe herausgefordert, dann verschwindet

diese im Dunklen und wird zu einem toten Wesen.

Spielschluss

Wenn alle der gleichen Gruppe angehören oder nach einer bestimmten Zeit.

Spielleitung

Die Königin der Nacht übernimmt die Spielleitung und kontrolliert die Gruppen.

Varianten

→ Durch Ereignisse können Gruppenmitglieder in tote Wesen oder andere Figuren verwandelt werden.

→ Zusätzliche Pluspunkte erhalten die Gruppen, wenn bestimmte Gegenstände (Katzenaugen, Knoblauch, ...) gesammelt werden.

Nummernspiel

Gelände	200 m • 200 m
Anzahl	20 Personen, 2 Gruppen
Leitung	1 Person
Alter ab	8 Jahren
Dauer	1 Stunde

Material
100 verschiedene Nummern,
   je 50 in einer Farbe

Ziel, Geschichte

 Möglichst viele gegnerische Nummern sollen eingesammelt werden.

Vorbereitung

Festlegen von zwei Gruppennestern und Bildung von zwei gleich starken Gruppen.

Spielablauf

Die Gruppen erhalten eine Karte, auf der ihr Gruppennest eingetragen ist. Sie begeben sich dorthin. Beim Gruppennest finden sie 50 verschiedene Nummernschilder in ihrer Gruppenfarbe. Alle Spielenden befestigen am Rücken eine Nummer. Nun kann die Jagd nach gegnerischen Nummern beginnen. Gelingt es einem Spielenden, die Nummer des Gegners zu lesen, wird diese laut ausgerufen. Stimmt die Nummer, darf diese Person die Nummer mitnehmen. Wenn die Nummer aber nicht stimmt, muss die Person, welche die falsche Nummer gerufen hat, die eigene abgeben. Wer keine Nummer mehr trägt, muss zum Gruppennest zurück und eine neue holen. Ohne Nummer auf dem Rücken dürfen keine anderen ergattert werden.

Spielschluss

 Gewonnen hat die Gruppe, die am meisten gegnerische Nummern erbeutet hat.

Orakel

Gelände	300 m • 300 m
Anzahl	20 Personen, 5 Gruppen
Leitung	5 Personen
Alter ab	10 Jahren
Dauer	3 Stunden

Material

für die Posten:

  5 Zauberstöcke
  5 Kopftücher
  5 Hexenbesen
  5 Zauberbücher
  5 Knoblauchknollen

zusätzlich:

  1 Katzenverkleidung
  1 Rabenverkleidung
  5 Würfel

  4 Hindernisse, zum Beispiel Tische oder Bänke
  1 Orakel
  25 Pläne; auf 5 Plänen ist jeweils der gleiche Ort eingezeichnet.
  2 Jasskartenset (französische) für die beiden Tiere.
  1 Korb mit Esswaren, beispielsweise für eine Grillparty am Abend.
  5 Säcklein Murmeln

Ziel, Geschichte

 Die Hexe Walpurgia lädt zur Walpurgisnacht, dem grossen Hexenfest, ein. Für alle ist es Ehrensache, an diesem Fest teilzunehmen. Dieses Jahr hat sich Walpurgia aber etwas ganz Spezielles einfallen lassen. Um am Fest teilnehmen zu können, müssen die geladenen Gruppen zuerst herausfinden, wo es stattfindet. Die Antwort kennt nur das Orakel. Vor dem Orakel stehen aber fünf Hindernisse, die zuerst überwunden werden müssen. Um die Hindernisse zu bewältigen, brauchen die Gruppen fünf Gegenstände, die an fünf verschiedenen Orten mit der Hilfe von Plänen zu finden sind. Zudem hat Walpurgia eine Katze und einen Raben verzaubert. Diese beiden Tiere irren

⟹

im Wald umher und besitzen wichtige Informationen.

Vorbereitung

 • Das Orakel in der Mitte des Spielfeldes und vier Hindernisse vor dem Orakel aufstellen.

• 5 Posten setzen und dort fünf gleiche Gegenstände deponieren. Für jeden Posten werden anschliessend fünf Pläne mit dem jeweiligen Standort gezeichnet.

 • Einteilung der Gruppen; jede Gruppe erhält fünf gleiche Pläne, ein Säcklein mit Murmeln und einen Würfel.

Spielablauf

Erster Posten aufsuchen

 Die Gruppen ziehen los zum ersten Posten. Dort angekommen können sie einen der fünf Gegenstände mitnehmen. Bevor sie andere Gruppen, den Raben oder die Katze suchen, überlegen sie sich ein kurzes Murmelspiel, mit dem sie die gegnerischen Gruppen bei einer Begegnung auffordern können.

Andere Posten finden

Die Gruppen suchen sich gegenseitig. Treffen zwei aufeinander, würfeln beide einmal. Die Gruppe mit der kleineren Augenzahl bestimmt das Spiel (z. B. Boccia: Eine grosse Murmel wird geworfen. Jede Person darf ihre kleinen Murmeln werfen.

Wer am nächsten an die grosse Murmel gelangt, hat gewonnen). Die Gruppe, die gewinnt, erhält von der anderen Gruppe einen Plan. Mit diesem kann an deren Startposten ein weiterer Gegenstand geholt werden. Die Gruppe, die verloren hat, darf die andere Gruppe erst wieder herausfordern, nachdem sie mit einer anderen Gruppe gespielt hat.

Rabe und Katze

 Der Rabe und die Katze irren im Wald umher und rennen nur ganz selten vor Menschen weg. Die Gruppen können diesen beiden Kreaturen Tipps entlocken. Der Rabe oder die Katze stellt eine Frage oder eine kleine Aufgabe. Nach der Antwort oder der Lösung einer Aufgabe kann die Gruppe eine Jasskarte ziehen. Das Tier schaut intensiv auf die gezogene Karte und gibt dann einen Tipp oder beantwortet eine Frage, welche die Gruppe stellt. Was die Spielenden nicht wissen können: Wenn eine rote Karte gezogen wird, sprechen die beiden Tiere die Wahrheit, bei einer schwarzen Karte lügen sie immer. Das wissen die Gruppen aber nicht. Tipps könnten sein, dass Hindernisse verzaubert oder mit dem Besen überflogen werden sollen, dass bei einer roten Karte immer die Wahrheit gesprochen wird, ...

Die Hindernisse beseitigen

Das Orakel wird mit fünf Hindernissen beschützt. Diese lösen sich allerdings allmählich auf (dürfen die Gruppen nicht wissen, kann aber ein Tipp von Katze oder Rabe sein). Nach einer Stunde sind es nur noch vier, nach 1½ Stunden nur noch drei, nach 2 Stunden nur noch zwei Hindernisse.

 Das fünfte Hindernis ist der Wächter des Orakels. Dieser überwacht die Gruppen beim Bewältigen der Hindernisse und hilft allenfalls weiter.

Orakel

Beim Orakel angelangt, kann die Gruppe nun fragen, wo das Fest stattfindet. Das Orakel wird antworten: „Dazu müsst ihr etwas zum Essen mitnehmen, Rattenschwanz und Mäusebrust, ach wie gross ist euer Frust!" Die Einzigen, die weiterhelfen können, sind Rabe und Katze. Diese geben den letzten Tipp aber nur, wenn die Gruppe den Spruch des Orakels aufsagen kann: „Rattenschwanz und Mäusebrust, ach wie gross ist euer Frust!" Wenn sie den Spruch wissen, verraten die beiden, wo die Esswaren versteckt sind.

Wenn die Gruppe mit den Esswaren zurück beim Orakel ist, verbietet der Wächter ihr eine Frage zu stellen, bevor nicht alle vor dem Orakel versammelt sind. Nun spukt das Orakel den Ort der Walpurgisnacht aus:

„Hexenbesen und Zauberei, Schneckenschleim und Suppenmaus, ach gibt das 'nen feinen Schmaus! – Die Walpurgisnacht findet beim Lagerfeuer statt."

Spielschluss

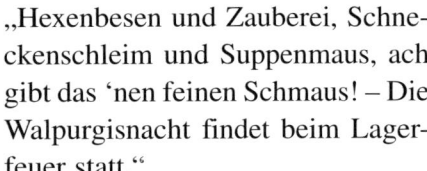 Nachdem die Esswaren gefunden wurden und das Orakel den Standort des Festes verraten hat, begeben sich alle dorthin und geniessen die Grillparty, zu der die Hexe Walpurgia eingeladen hat.

Spielleitung

Je eine Person spielt das Orakel, den Wächter, den Raben und die Katze.

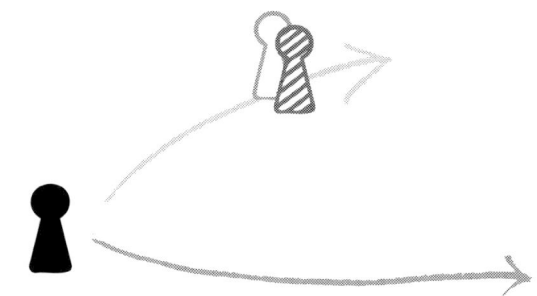

Passwort

Ziel, Geschichte

Im Dorf sind Buchstaben versteckt. Gruppenweise müssen die Buchstaben gefunden werden, die zur Bildung von zwei bestimmten Wörtern nötig sind.

Vorbereitung

* Die für das Spiel nötigen Buchstaben auf das Papier (bzw. den Karton) schreiben und eine Schnur so befestigen, dass die Buchstaben um den Hals gehängt werden können.

* Buchstaben im Dorf verstecken.

* Bildung von zwei Gruppen; beide erhalten verschiedenfarbige Stirnbänder.

Gelände	300 m • 300 m
Anzahl	24 Personen, 2 Gruppen
Leitung	1 Person
Alter ab	8 Jahren
Dauer	2 Stunden

Material

30	Blatt starkes Papier oder Karton
2	Pläne
5	Zettel mit Wörtern (Ananas, Banane, Lappen, Pappel, Rappen)
24	Stirnbänder in zwei Farben
1	Rolle Schnur

Spielablauf

Jede Gruppe zieht bei der Spielleitung zwei Wörter aus einer Auswahl von fünf. Beide Gruppen erhalten den gleichen Plan, auf dem zehn Orte eingetragen sind, an denen je ein Buchstabe zu finden ist. Weitere Buchstaben wurden im Gelände versteckt und müssen ohne Plan gesucht werden.

Die Gruppen machen sich auf die Suche nach den Buchstaben. Sobald jemand einen Buchstaben findet, wird dieser um den Hals gehängt. Diese Person nimmt die Rolle eines lebenden Buchstabens ein. Es darf nur ein Buchstabe umgehängt werden. Lebende Buchstaben können von der gegnerischen Gruppe gefangen werden. Wird jemand gefangen genommen (mit Berührung), muss diese Person zur Befreiung den Buchstaben abgeben. Wer den Buchstaben bekommt, hat 20 Sekunden Zeit, sich aus dem Staub zu machen.

Spielschluss

Gewonnen hat jene Gruppe, der es als erste gelingt, die beiden Wörter zu bilden. Dann müssen die lebenden Buchstaben in der richtigen Reihenfolge nebeneinander stehen und bei der Spielleitung erscheinen.

Spielleitung

Eine Person an einem zentralen Ort.

Bemerkungen

Es müssen genügend Buchstaben versteckt sein, um die Wörter zweimal bilden zu können. In den Wörtern, die zur Auswahl stehen, sollten vielfach die gleichen Buchstaben vorkommen, zum Beispiel Ananas, Banane, Lappen, Pappel, Rappen.

Picasso

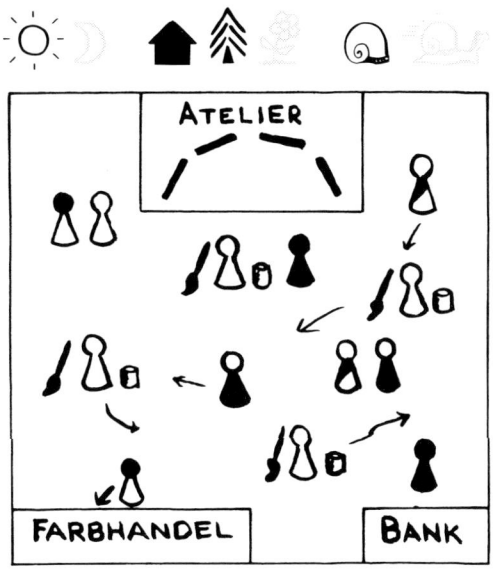

Gelände	400 m • 400 m
Anzahl	25 Personen, 5 Gruppen
Leitung	6 Personen
Alter ab	10 Jahren
Dauer	3 Stunden

Material

für das Einstiegspiel:

- 5 Zettel mit je 10 Begriffen, welche die Gruppen malen müssen.
- Papier und Farbstifte
- 5 Rabattkarten, je eine zu 50%, 40%, 30%, 20% und 10%

für das Hauptspiel:

- 5 Leintücher (1 m²) = Leinwände
- 10 Pinsel
- 10 Becher
- 10 alte Lappen
- 60 kleine Behälter mit Wasserfarben (jeweils 10 in den Farben rot, blau, gelb, violett, orange, grün) in einer kleinen Kartonschachtel. Geeignet sind alte Filmdosen oder Eierschachteln aus Plastik.
- 120 Farbtalerscheine: Je 40 Scheine zu 10, 20 und 50 Farbtaler
- 1 Verkleidung für Pablo Picasso

Ziel, Geschichte

 Pablo Picasso wird am Abend zu Besuch erwartet. Die Lieblingsfarbe des Künstlers ist bekanntlich grün, doch leider hängen an den Wänden keine grünlichen Bilder. Deshalb müssen einige grüne Bilder gemalt werden. Diese Bilder werden an einer Vernissage von Pablo Picasso bewertet, und zwar nach der Grösse, dem Grünstich und der künstlerischen Gestaltung des Bildes. Doch bevor gemalt werden kann, müssen die Gruppen Farben kaufen oder gewinnen.

Vorbereitung

Einrichten einer Handelsbank und des Grünfarbenhandels

Gruppeneinteilung; alle Gruppen erhalten eine Leinwand und je zwei Pinsel, Becher und alte Lappen.

Die Gruppen kennzeichnen sich mit einem Farbtupf auf die Wange.

Spielablauf

Rabattkarten gewinnen

Nach der Gruppeneinteilung können die Gruppen eine Starthilfe gewinnen. Jede Gruppe muss möglichst rasch zehn verschiedene Begriffe erraten, die abwechslungsweise von einem Gruppenmitglied gemalt werden. Eine Leitungsperson zeigt der Zeichnerin oder dem Zeichner den auf Zettelchen notierten Begriff. Diese Person zeichnet den Begriff danach so rasch wie möglich und ohne zu reden auf ein Blatt Papier. Sobald die anderen Gruppenmitglieder den Begriff herausgefunden haben, kommt das nächste Gruppenmitglied mit Zeichnen an die Reihe. Jede Person muss ein- oder zweimal zeichnen.

Die Begriffe sollen bei jeder Gruppe etwa gleich schwierig sein. Es dürfen aber nicht dieselben sein, ausser die Gruppen können sich gegenseitig nicht hören. Die Gruppe, die alle Begriffe erraten hat, schreit „Picasso". Die schnellste Gruppe erhält danach eine Rabattkarte von 50%, die folgenden Gruppen solche von 40%, 30%, 20% und 10%.

Farben kaufen

Ab sofort können bei vier Malerinnen oder Malern Farben gekauft werden. Diese bewegen sich frei im Spielgelände und tragen je rund 12 kleine Behälter mit Farben bei sich. Sobald eine Gruppe eine Malerin oder einen Maler gefunden hat, muss sie eine kleine Aufgabe lösen. Erfüllt sie die Aufgabe, erhält sie einen kleinen Behälter mit Farbe. Die Farbe darf dabei nicht gewählt werden.

Farbtaler

Farbtaler sind auf der Bank erhältlich. Die Bankdirektion bestimmt die Öffnungszeiten selber und ist deshalb unberechenbar. Der verfügbare Betrag ist ebenfalls festgelegt und wird auf der Bank genau abgerechnet. Pro Öffnungsperiode erhalten die Gruppen jeweils folgende Beträge: 10, 20, 50, 100, 150, 200 Farbtaler. Eine Gruppen erhält also maximal 530 Farbtaler.

Grüne Farbe kaufen

Das heiss geliebte Grün ist bei den Malerinnen und Malern nicht erhältlich. Es muss bei der Grünfarbenhandlung gekauft werden. Diese öffnet eine halbe Stunde nach Spielbeginn. Die Preise sind enorm hoch und erhöhen sich immer mehr. Jedes Mal, wenn eine Gruppe grüne Farbe gekauft hat, erhöhen sich die Preise.

Begonnen wird bei 20 Farbtalern, danach 30, 80, 120, 160, 200, 250, 300, 400, 500. Beim ersten Kauf muss zudem die Rabattkarte eingelöst werden.

Handeln mit Farben und Farbtalern

 Um mehr Farben oder Farbtaler zu erhalten, können die Gruppen freiwillig untereinander handeln. Beide Gruppen legen offen ihren Farbeinsatz und eine bestimmte Summe Farbtaler verdeckt nebeneinander, so dass der Betrag nicht sichtbar ist. Wer mehr Geld gesetzt hat, erhält die Farben, die andere Gruppe erhält die Farbtaler.

Malen des Bildes

Die Leinwände aller Gruppen bleiben immer an einem zentralen Ort, wo die Farben jeweils sofort nach dem Erwerb oder am Schluss des Spieles auf die Leinwand aufgetragen werden. Die Spielleitung kontrolliert, dass die Farben nicht gefälscht (Gras für Grün) werden.

Spielschluss

 Nach einer bestimmten Zeit oder wenn keine Farben mehr vorhanden sind, ist das Spiel beendet. Den Gruppen wird noch etwas Zeit zur Verfügung gestellt, um das Bild zu beenden. Danach folgt eine Vernissage, an der die fünf Bilder ausge-stellt werden und Pablo Picasso die Bilder begutachtet und bewertet.

Spielleitung

Einstiegsspiel:
Je eine Person bei jeder Gruppe
Hauptspiel:
4 Malerinnen oder Maler, je eine Person in der Bankdirektion und im Grünfarbenhandel
Am Schluss:
Pablo Picasso

Varianten

→ Die Pinsel und die Leinwand werden zu Beginn des Spieles nicht verteilt, sondern müssen im Spiel gekauft oder verdient werden.

Popcorn GmbH

Gelände 300 m • 300 m

Anzahl 12 Personen, 3 Gruppen

Leitung 2 Personen

Alter ab 10 Jahren

Dauer 2 Stunden

Material
- Maiskörner
- Für jede Gruppe: Zeitung, Streichhölzer, Öl
- 3 Kochkessel mit Deckel und einer Kelle

Ziel, Geschichte

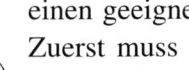 Jede Gruppe versucht möglichst viel essbares Popcorn herzustellen.

Vorbereitung

 Im Gelände wird ein Spielzentrum mit allem Material eingerichtet; danach Bildung von drei Gruppen.

Spielablauf

Jede Gruppe bekommt rund um das Spielzentrum eine Feuerstelle oder einen geeigneten Platz zugewiesen. Zuerst muss eine gute und sichere Feuerstelle gebaut und ein Feuer entfacht werden. Nachdem eine Person der Spielleitung die Feuerstelle kontrolliert hat (Waldbrandgefahr), erhält die Gruppe eine bestimmte Menge Maiskörner, die sie dann im Kochtopf über dem Feuer mit Hilfe des Öls zu Popcorn braten kann. Die gelungenen Popcorn werden zum Spielzentrum gebracht. Dort erhalten die Gruppen – je nach Volumen der gebrachten und essbaren Popcorn – mehr oder weniger neue Körner. Im Spielzentrum werden die Popcorn getrennt nach Gruppen aufbewahrt.

Spielschluss

 Nach einer festgelegten Spielzeit wird das Spiel abgebrochen. Diejenige Gruppe mit den meisten Popcorns hat gewonnen. Der Schluss-

Raketenjagd

 punkt bildet ein gemeinsamer Popcorn-Schmaus.

Spielleitung

Kontrolliert die Feuerstellen, gibt die Maiskörner an die Gruppen ab und bewahrt das fertige Popcorn getrennt nach Gruppen auf.

Varianten

⟹ Die Gruppen können einander auf dem Transport die Popcorn abjagen.

⟹ Den anderen Gruppen darf mit Wasserballonen das Feuer ausgelöscht werden.

⟹ Maiskörner können zusätzlich (oder nur) mit dem Lösen von Aufgaben verdient werden.

⟹ Anhand von verschiedenen Schatzkarten kann Popcorn gefunden werden.

⟹ Anstatt Popcorn kann eine Salzwasserlösung eingesetzt werden. Die Aufgabe besteht dann darin, möglichst viel Salz auszukochen, mit dem neue Salzwasserlösung gekauft werden kann.

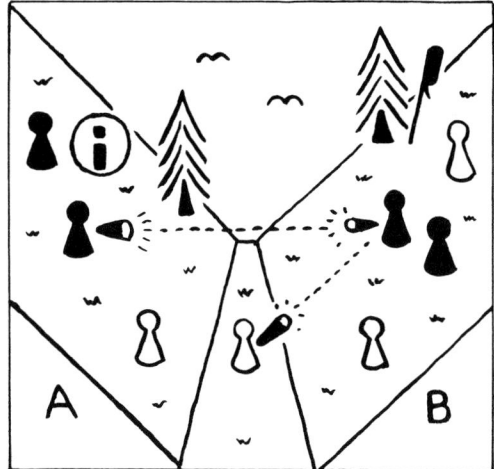

Gelände	2 • 300 m • 300 m (zwei gegenüberliegende Hänge)
Anzahl	12 Personen, 3 Gruppen
Leitung	3 Personen
Alter ab	14 Jahren
Dauer	2 Stunden

Material

- 1 Rakete
- 12 Morseschlüssel
- 3 Taschenlampen, für jede Gruppe mindestens eine!
- 1 Plan mit eingezeichnetem Raketenabschussort

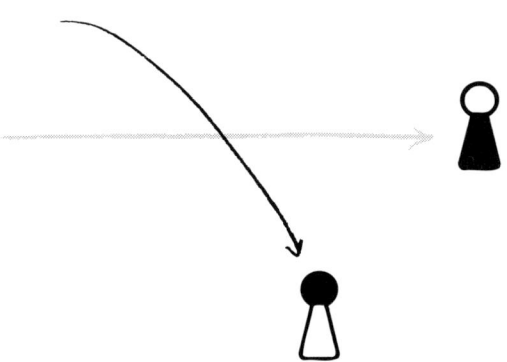

Ziel, Geschichte

 Irgendwo im Spielgelände versteckt sich eine Leitungsperson mit einer Rakete. Das Ziel aller Gruppen ist, die Rakete als erste zu zünden.

Vorbereitung

 Drei Gruppen werden nach folgendem Schlüssel gebildet: Zwei Personen Gruppe A, vier Personen Gruppe B und sechs Personen Gruppe C.

Spielablauf

Gruppe A gehört der eine Hang, Gruppe B der andere. Dazwischen liegt eine neutrale Zone. Die Gruppen A und B spielen zusammen gegen die Gruppe C. Die Gruppen A und B dürfen nur auf ihrem Gebiet bleiben, Gruppe C darf sich überall bewegen.

Gruppe A und B

Gruppe A kennt den Standort der Rakete auf der B-Seite, darf dieses Gebiet aber nicht betreten. Aus diesem Grund arbeitet die Gruppe A mit der Gruppe B zusammen. Die einzige Verständigungsmöglichkeit ist das Morsen mit Taschenlampen. Damit es nicht zu einfach wird, darf Gruppe A die Fragen der Gruppe B nur mit Ja oder Nein beantworten.

Gruppe C

Auch die Gruppe C versucht als erste Gruppe die Rakete zu zünden. Die Gruppe C erhält die Informationen durch das Lesen der Nachrichten zwischen den Gruppen A und B. Die Gruppe C kann zudem die Arbeit der Gruppe B erschweren, indem sie auf der A-Seite auch morst und Falschmeldungen durchgibt. Interessant wird es, wenn sich die Gruppen untereinander organisieren und so auch Codes in ihre Fragen und Antworten einbauen.

Spielschluss

Die Gruppe, welche die Rakete als erste zündet, hat gewonnen.

Spielleitung

Auf jeder Seite überwacht jemand von der Spielleitung den Spielverlauf. Eine dritte Person hält sich am Ziel mit der Rakete bereit.

Bemerkungen / Schwierigkeiten

* Das Gelände ist relativ gross. Es muss eine Zeit abgemacht werden, zu der sich alle an einem bestimmten Ort treffen.
* Dieses Spiel sollte nur durchgeführt werden, wenn die Teilnehmenden bereits Erfahrungen mit Morsen haben.

Morseschlüssel

Ein Morseschlüssel befindet sich auf der Seite 120.

Ringsuche

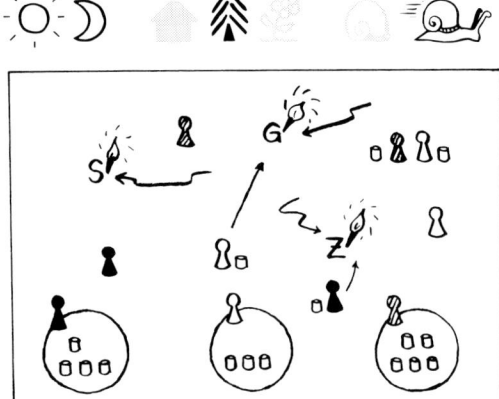

Gelände	300 m • 400 m
Anzahl	15 Personen, 3 Gruppen
Leitung	4 Personen
Alter ab	8 Jahren
Dauer	1 Stunde

Material

45 Büchsen mit Dessertzutaten und Kieselsteinen. In einer Büchse einen Ring und in einer eine Nuss verstecken.

45 Symbolkarten, je 15 mit Symbolen für Gärtner, Zofe und Schlossdame.

1 Samtkissen für Ring

1 Pfeife

4 Verkleidungen (Gammler, Gärtner, Zofe und Schlossdame)

Ziel, Geschichte

 Ein Gammler kommt herein und erzählt, welch Pech er hatte, nachdem er vor langer Zeit einer Schlossdame den Ring abgeluchst hatte. Den Ring hatte er in einer Büchse versteckt, doch leider hat es im Wald noch viele Büchsen. In welcher steckt nun der Ring? Wenn eine ganze Gruppe danach suchte, meint der Gammler, dann müsse der Ring in einer Nacht wie der heutigen eigentlich gefunden werden können. Darauf geht er zur Tür hinaus.

Die Schlossdame, die Zofe und der Gärtner wollen alle den Ring für sich und bitten um Mithilfe bei der Suche. Die drei Gruppen versuchen möglichst viele Büchsen zu schmuggeln und von den anderen Gruppen zu ergattern, denn in einer ist der Ring versteckt.

Vorbereitung

⊛ Büchsen mit Inhalt vorbereiten, gut verschliessen und drei Gruppenplätze im Wald vorbereiten.

 ⊛ Die Teilnehmenden werden in drei Gruppen eingeteilt.

Spielablauf

Gruppennest einrichten

 Jede Gruppe hat ein Gruppennest im Wald, wo sich ihr Depot an Büchsen und Karten befindet. Für jede Person liegen 3 Karten mit den Symbolen Gärtner, Zofe und Schlossdame bereit. Wenn gegnerische Spielende zu einem Duell herausgefordert werden, wird damit ein „Schlossdame, Zofe, Gärtner" gespielt.

Büchsen schmuggeln

Die Teilnehmenden starten vom Depot mit einer Büchse und haben den Auftrag, die Büchse zu ihrer anführenden Person (Gärtner, Zofe oder Schlossdame) zu schmuggeln. Diese sind Leitungspersonen, die im Wald mit einer Fackel ständig unterwegs sind und sich ihrer Rolle entsprechend gekleidet haben.

Büchsen gewinnen

Unterwegs können sich die Spielenden gegenseitig anhalten und zum Duell herausfordern. Dies ist allerdings nur möglich, wenn beide eine Büchse haben. Sie spielen „Schlossdame, Zofe, Gärtner". Beide halten die drei Karten hinter den Rücken und sagen „Schlossdame, Zofe, Gärtner". Bei „Gärtner" nehmen beide einen der drei Zettel nach vorne. Die Schlossdame gewinnt gegen die Zofe, die Zofe gegen den Gärtner und der Gärtner gegen die Schlossdame. Wer von drei Spielen zweimal gewinnt, erhält die Büchse der gegnerischen Person.

Spielschluss

Nach Ablauf einer Stunde ertönt ein akkustisches Signal, welches das Ende verkündet. Alle Gruppen kommen mit ihrer anführenden Person zum Zentrum. Nun können die Büchsen geöffnet werden. In einer Büchse befindet sich der Ring der Schlossdame (diese Gruppe gewinnt), in einer Büchse ist eine Nuss (diese Gruppe verliert auf jeden Fall), in den anderen Büchsen sind die Zutaten für ein Dessert zu finden, ausserdem jede Menge Steine ...

Spielleitung

Eine Person der Spielleitung übernimmt die Rolle des Gammlers. Nach der Einleitung bewegt sich diese Person frei im Spielgelände, überprüft die Einhaltung der Spielregeln und steht für Fragen zur Verfügung. Die anderen drei Personen übernehmen die Rollen des Gärtners, der Schlossdame und der Zofe.

Schatzinsel

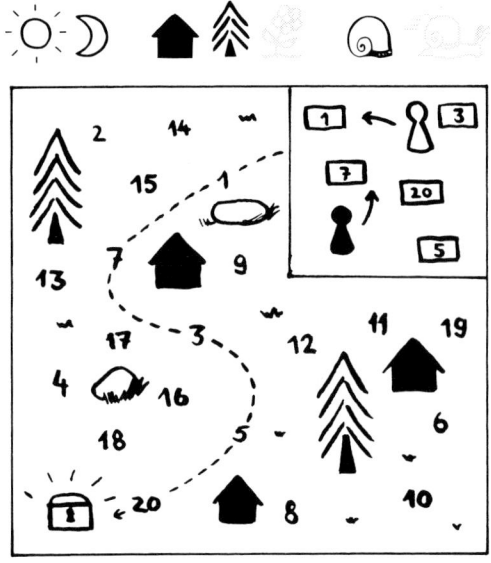

Gelände	500 m • 500 m
Anzahl	20 Personen, 4 Gruppen
Leitung	5 Personen
Alter ab	10 Jahren
Dauer	2 Stunden

Material

20 Stirnbänder in 4 verschiedenen Farben

4 Pläne oder Karten

4 Geschichten auf 4 Blättern, welche je in zehn Fragmente zerschnitten werden.

1 Schatz

Ziel, Geschichte

Alte Matrosen berichten von einer verborgenen Schatzinsel irgendwo im weiten Ozean. Niemand kennt den genauen Weg zu dieser Schatzinsel. Wer die Insel finden will, muss das Rätsel der geheimnisvollen, mit vielen Zahlen versehenen Karte entschlüsseln. Auf einer Karte sind 50 Punkte eingezeichnet und jeweils mit einer Nummer versehen. Werden neun Nummern in einer bestimmten Reihenfolge miteinander verbunden, ergibt dies den Weg zur Schatzinsel.

Vorbereitung

• Schatz verstecken.

• Eine Karte der Umgebung anfertigen, auf der in einem Umkreis von zwei Kilometern 50 Punkte ausserhalb des Spielfeldes mit verschiedenen Nummern eingezeichnet sind. Die Karte wird an einem zentralen Ort aufgehängt.

• Die Fragmente der Geschichten werden auf der Rückseite mit einer Nummer versehen, ausser auf dem letzten Stück. Wird die Geschichte richtig zusammengesetzt, entspricht die Reihenfolge der Nummern der Reihenfolge, in welcher die Punkte auf der Karte miteinander verbunden werden müssen, um die Schatzinsel zu finden.

• Jeder „alte Seebär" versteckt 10 Fragmente und schreibt für sich auf,

wie die Fragmente wieder zu finden sind.
- Es werden vier gleich grosse Gruppen gebildet. Jede ist durch ein bestimmtes Merkmal gekennzeichnet.

Spielablauf

Fragmente suchen

Die Karte hängt an einem zentralen Ort. Die Gruppen suchen die Fragmente, die frei im Gelände versteckt sind. Vier alte Seebären (Spielleitung) wissen Bescheid, wo Fragmente zu finden sind und erteilen Auskunft, sofern bestimmte Aufgaben gelöst werden.

Fragmente tauschen

Wenn zwei Gruppen aufeinander treffen, können diese um Fragmente spielen. Das Spielen ist allerdings freiwillig. Wenn eine Gruppe ein Fragment zweimal hat, wird sie aber an einem Tausch bestimmt interessiert sein.

Wenn eine Gruppe alle Fragmente hat

Sobald eine Gruppe alle Fragmente beisammen hat, wird die Fragmentsuche mit einem Pfeifsignal abgebrochen. Nun führt die Gruppe, welche die ganze Geschichte zusammengesetzt hat, die anderen Gruppen anhand des Planes und der Nummern zur Schatzinsel. Bei jedem Posten, den die Gruppen passieren, ist ein Zettel aufgehängt. Dieser be-

legt, dass sie auf dem richtigen Weg sind. Ausserdem wird jeweils ein Hinweis gegeben, wo der Schatz auf der Schatzinsel gesucht werden muss. Beim letzten Posten angelangt, können nun alle mit den gesammelten Hinweisen nach dem Schatz suchen.

Spielschluss

Gewonnen hat die Gruppe, der es gelingt, die Schatzinsel zu finden.

Spielleitung

Eine Person hält sich bei der Karte auf, vier weitere Personen spielen die alten Seebären und sind im Gelände verteilt.

Bemerkungen

Das Gelände muss weiträumig sein, damit die Gruppen nicht in Versuchung geraten, gezielt nach Kartenstücken zu suchen.

Varianten

→ Mehrere Schätze verstecken; jede Gruppe muss zu einem anderen Ort gelangen.

Schmuggel

Gelände	500 m • 500 m
	(offen und übersichtlich mit
	verschiedenen Strukturen)
Anzahl	18 Personen, 3 Gruppen
Leitung	3 Personen
Alter ab	14 Jahren
Dauer	2 Stunden

Material
18 Taschenlampen
12 Landkarten
18 Morseschlüssel, 18 Bleistifte,
   Papier
 1 Truhe (Kiste) mit zwei Schlössern
 1 Liste mit Koordinaten für Schätze,
   Kiste und Schlüssel
10 Schätze
12 Nummern mit Sicherheitsnadeln

Ziel, Geschichte

Zwei befreundete, aber weit voneinander entfernte Schmugglerbanden suchen in einer dunklen Nacht ihre Schätze aus verschiedenen Verstecken zusammen. Sie verständigen sich nur mit Morsezeichen. Die Polizei hat davon Kenntnis erhalten und versucht den Handel auffliegen zu lassen.

Vorbereitung

 • Zehn Schätze, Truhe und Schlüssel verstecken.

 • Bildung von drei gleich grossen Gruppen (Polizei, Bergbande A und Talbande B). Jedes Mitglied der Schmuggelgruppen trägt auf dem Rücken eine Nummer.

Spielablauf
Schmuggelbanden

Die beiden Banden erhalten je eine Karte, auf der das Spielfeld und ihre Gruppennester eingetragen sind. Ein Nest befindet sich auf dem Hügel, das andere im Tal. Beim Gruppennest angekommen, finden die Gruppen sechs Nummern. Jede Person muss sich am Rücken eine dieser Nummern befestigen.

Beide Banden befinden sich in einem auf der Karte eingetragenen Gebiet, das von der anderen Bande nicht betreten werden darf. Dazwischen befindet sich ein Niemandsland, in dem sich beide Banden frei bewegen können. Die Talbande erhält fünf Koordinaten, welche die Standorte von zehn Schätzen bezeichnen. Diese befinden sich aber im Gebiet der Bergbande, das von der Talbande nicht betreten werden darf. Sie versuchen mit Morsezeichen die Koordinaten der Bergbande mitzuteilen und machen einen Ort im Niemandsland ab, wo die Schätze der Talbande übergeben werden können.

Die Talbande muss die Schätze in eine mit zwei Schlössern verriegelte Truhe legen. Schlüssel und Truhe sind im Gebiet der Talbande versteckt. Die Bergbande besitzt die drei Koordinaten, die der Talbande gemorst werden müssen, damit diese die Truhe und die beiden Schlüssel findet.

Polizei

Die Polizei kennt nur das Spielfeld; sie darf sich überall aufhalten. Sie versucht die Morsezeichen zu entziffern und zum Schmuggelgut zu gelangen. Trifft sie auf eine Person, die Material schmuggelt, kann sie dieses beschlagnahmen. Es genügt, wenn sie die Nummer des Bandenmitgliedes laut ruft.

Spielschluss

 Das Spiel ist beendet, wenn die Spielzeit abgelaufen ist oder wenn alle Schätze entweder in der Truhe oder von der Polizei beschlagnahmt sind.

Wenn die Schmuggelbanden mehr Schätze haben als die Polizei, gewinnen diese, ansonsten die Polizei.

Spielleitung

Die Spielleitung bewegt sich im Niemandsland. Eine Person ist an einem zentralen Ort als Anlaufstelle.

Bemerkungen / Schwierigkeiten

Das Morsen muss unbedingt vor dem Spiel eingeübt werden! Morseschlüssel abgeben.

Morseschlüssel

Ein Morseschlüssel befindet sich auf der Seite 120.

Scotland Yard

Gelände	1 km • 1 km
Anzahl	12 Personen, 2 Gruppen
Leitung	3 Personen
Alter ab	8 Jahren
Dauer	1½ Stunden

Material

- 60 A4-Blätter, davon 20 rote, 8 blaue, 20 grüne, 12 gelbe. Je nach Gelände müssen die Mengen angepasst werden.
- 2 schwarze A4-Blätter
- 1 schwarzes Papier mit einem weissen grossen X
- 1 Verkleidung für Mister X

Ziel, Geschichte

Mister X ist im Dorf unterwegs. Doch wer ist er, wo hält er sich auf und wo ist er untergetaucht? Mister X hat sich nach allen Regeln der Kunst unsichtbar gemacht, trotzdem entgehen den spitzfindigen Detektivinnen von Scotland Yard keine Spuren. Kreuz und quer durch das Spielgelände führt die Flucht von Mister X; die Detektivinnen sind ihm in zwei Gruppen auf den Fersen. Welche Gruppe findet ihn zuerst?

Vorbereitung

 • Zwei Personen der Spielleitung machen sich eine halbe Stunde vor dem Spiel aus dem Staub. Von einem vorher bestimmten Ort legen sie zwei unabhängige Spuren, die zum gleichen Ziel führen.

• Nach einer halben Stunde geht die dritte Person der Spielleitung mit den Teilnehmenden zum Ausgangspunkt und erklärt das Spiel und die Regeln.

 • Bildung von zwei Gruppen.

Spielablauf
Verfolgung aufnehmen

 Beide Gruppen nehmen gleichzeitig die Verfolgung auf. Mister X hat eine klare Spur hinterlassen. Alle 100 Schritte und jedes Mal beim Wechseln auf ein neues Weg-Element zeigt Mister X mit den folgenden Farben an, welchem Element er jetzt folgt:

Rot
Strassen und Wege

Blau
Überqueren von Bächen oder sich im Bachbett fortbewegen

Grün
Wiesen

Gelb
Wald

Das Papier liegt jeweils auf dem Boden oder wird mit Klebband gut sichtbar festgemacht.

Mister X hat zudem die Möglichkeit, folgende spezielle Züge einzusetzen:

Schwarz
Die schwarze Spur ermöglicht es ihm zu vertuschen, welchem Element er jetzt gefolgt ist.

Doppelzug
Beim Doppelzug legt Mister X zwei Blätter, die ihm ermöglichen, erst nach 200 Schritten wieder ein neues Blatt zu legen.

Mister X finden

Beide Spuren treffen wieder zusammen. Dort legt Mister X das schwarze Papier mit dem grossen X hin. Im Umkreis von rund 100 Metern versteckt sich Mister X und wartet darauf, dass er von einer Gruppe gefunden wird.

Spielschluss

Sobald eine Gruppe Mister X findet, hat diese gewonnen.

Spielleitung

Zwei Personen legen die Spuren und eine dritte erklärt zu Beginn die Spielregeln.

Bemerkungen / Schwierigkeiten

Eventuell den Gruppen einen Spick mitgeben, auf dem aufgeschrieben ist, welche Farbe was bedeutet.

Varianten

➡ Es werden vier Gruppen gebildet, zwei kleinere und zwei grössere. Die beiden kleinen Gruppen legen die Spur, die grösseren folgen dieser Spur nach einer Viertelstunde.

➡ Die Teilnehmenden legen die Spuren selber. Zuerst legen beide Gruppen mit einer bestimmten Anzahl Blättern eine Spur. Am Schluss dieser Spur versteckt sich ein Gruppenmitglied. Nach diesem ersten Schritt muss die zweite Gruppe dieser Spur folgen, bis sie Mister X findet. Welche Gruppe braucht dafür weniger Zeit?

Scrabble

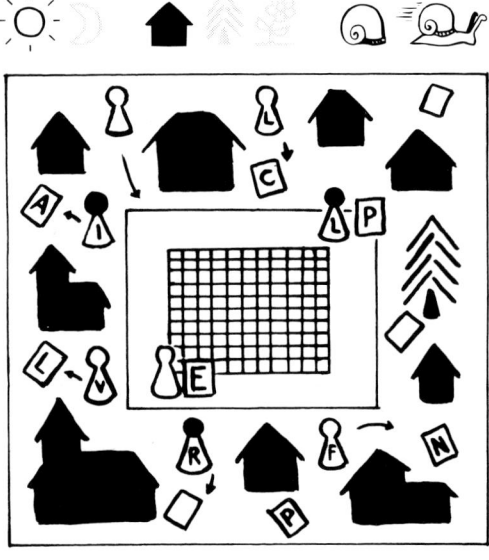

Ziel, Geschichte

Mit einer vorgegebenen Anzahl Buchstaben sollen so lange Wörter wie möglich gebildet werden. Um das Wort festzuhalten, müssen danach die notwendigen Buchstaben gesammelt werden. Diese sind im ganzen Spielfeld verteilt. Sobald alle Buchstaben vorhanden sind, können diese auf einem grossen auf den Boden gemalten Spielfeld abgelegt werden.

Vorbereitung

* Die schwarzen Buchstaben und die leeren Papier- oder Stoffstücke werden im Spielfeld verteilt.

* An einem zentralen Ort wird mit Kreide oder Bändern ein Spielfeld mit 20 x 20 Feldern auf den Boden gezeichnet. Die Feldgrösse entspricht der Grösse der Buchstaben. Um dieses Spielfeld wird eine neutrale Zone gekennzeichnet.

* Allen Mitspielenden wird auf dem Rücken ein Buchstabe in der Gruppenfarbe befestigt. Die Gruppen können folgendermassen eingeteilt werden: 24 Buchstaben in den drei Farben werden verdeckt auf den Boden gelegt. Die Teilnehmenden können einen Buchstaben ziehen. Alle mit den gleichfarbigen Buchstaben bilden eine Gruppe.

Gelände	400 m • 400 m
Anzahl	24 Personen, 3 Gruppen
Leitung	2 Personen
Alter ab	10 Jahren
Dauer	2 Stunden

Material

1	Brettspiel Scrabble
72	Buchstaben auf Stoff oder Papier in 3 verschiedenen Farben geschrieben.
100	Buchstaben auf Stoff oder Papier in Schwarz geschrieben.
10	leere Stoff- oder Papierstücke
viel	Kreide oder Bänder

Spielablauf
Wörter suchen und legen

 Jede Gruppe zieht beim Spieltisch zehn Buchstaben aus einem normalen Scrabblespiel und versucht damit ein möglichst langes Wort zu bilden. Mit den kleinen Buchstaben legt die Gruppe dieses Wort auf das grosse Spielfeld und geht danach auf Buchstabensuche. Sind alle Buchstaben für das Wort zusammen, werden die kleinen Scrabblebuchstaben auf dem Spielfeld durch die grossen Buchstaben ersetzt. Sobald die Gruppe der Spielleitung die kleinen Buchstaben zurückgibt, kann sie neue Buchstaben ziehen und damit ein neues Wort bilden. Ab dem zweiten Wort muss immer mindestens ein schon liegender Buchstabe in das neue Wort eingebaut werden. Findet eine Gruppe nicht alle notwendigen Buchstaben für das Wort, das sie mit den kleinen Buchstaben gelegt hat, darf mit den zehn Buchstaben ein neues Wort gelegt werden.

Buchstaben sammeln und gewinnen

Die notwendigen Buchstaben können entweder im Spielfeld gesammelt (schwarze Buchstaben) oder den anderen Spielenden abgenommen werden, indem die jeweilige Person berührt wird. Wer mit der Hand zuerst den Buchstaben der anderen Person berühren kann, erhält diesen Buchstaben. Wer den Buch-

 staben hergeben muss, darf keine Buchstaben mehr sammeln oder abnehmen. Ein neuer Buchstabe in der Gruppenfarbe kann bei der Spielleitung abgeholt werden.

Es dürfen nur Buchstaben gesammelt werden, die auch wirklich gebraucht werden.

Die eigenen Buchstaben dürfen nicht verwendet werden. Deshalb hat jede Gruppe eine eigene Farbe. Leere Buchstabenblätter gelten als Joker. Sie können für jeden beliebigen Buchstaben eingesetzt werden, haben aber keinen Wert.

Spielschluss

 Nach einer bestimmten Zeit wird das Spiel abgebrochen und die Punkte ausgezählt (ein Punkt pro Buchstabe). Die farbigen Buchstaben zählen für die Gruppe, welcher diese gehören, als Minuspunkte.

Die nächste Mahlzeit wird mit einer Buchstabensuppe begonnen.

Spielleitung

Die Spielleitung zählt die Punkte für die Gruppen laufend zusammen und führt eine Punktetabelle.

Varianten

⇒ Die Buchstaben haben verschiedene Werte, ein X gibt beispielsweise mehr Punkte als ein E (wie auf den Scrabblesteinen angegeben).

Sicht– und Hörbare

Gelände	300 m • 300 m
Anzahl	20 Personen, 2 Gruppen
Leitung	2 Personen
Alter ab	12 Jahren
Dauer	2 Stunden

Material

20 Fackeln
10 Schellen
10 Landkarten (Kopien)
10 Wurfgegenstände
10 Gegenstände, beispielsweise je
zwei Blumentöpfe, Bälle, Tücher,
Kerzen, Hämmer

Ziel, Geschichte

 Im Wald sind an fünf Posten je zwei gleiche Gegenstände versteckt. Die Gruppe, die als erste die fünf Gegenstände findet, hat gewonnen.

Vorbereitung

• Fünf Posten mit je zwei gleichen Gegenständen werden eingerichtet. Einer muss jeweils gekennzeichnet werden, damit eine Gruppe nur die gekennzeichneten und die zweite Gruppe die anderen Gegenstände nimmt.

 • Bildung von zwei gleich grossen Gruppen.

Spielablauf
Ausgangsposition

Beide Gruppen suchen ihr Gruppennest auf. Diese liegen einander gegenüber, jeweils am Rande des Spielfeldes. Dort erhalten die Teilnehmenden zudem ihre Ausrüstung:

• **Sichtbare**

Eine Fackel, die immer brennen muss. Die Sichtbaren haben jedoch keine Karte!

• **Hörbare**

Eine Landkarte, auf der die fünf Posten eingezeichnet sind, an denen jeweils ein Gegenstand geholt werden muss; Schellen an Fuss oder Arm;

 ein Wurfgegenstand, zum Beispiel ein Schmerlz (Seite 39).

Die Hörbaren haben kein Licht! Sie erhalten aber eine Taschenlampe, die allerdings nur im Notfall gebraucht werden darf!

Austausch von Licht und Karte

 Die Gruppen machen sich danach auf die Suche nach den fünf Gegenständen.

Die Sichtbaren haben zwar Licht, aber keine Karte, und die Hörbaren haben zwar eine Karte, sehen aber nichts! Die Gruppen sind also aufeinander angewiesen. Um ihr Ziel zu erreichen, muss ein Gegner oder eine Gegnerin gefangen werden:

 • Die Sichtbaren beleuchten einen Hörbaren und rufen dessen Namen. Gefangene können sich befreien, indem sie der Fängerin oder dem Fänger die Karte für 30 Sekunden zur Verfügung stellen.

 • Die Hörbaren müssen einen Sichtbaren mit einem Wurfgegenstand treffen. Gefangene können sich befreien, indem sie der Fängerin oder dem Fänger die Fackel für 30 Sekunden zur Verfügung stellen.
Danach gehen beide eine Minute in entgegengesetzter Richtung auseinander und dürfen sich in dieser Zeit nichts antun.

→

Sonnenschmuggel

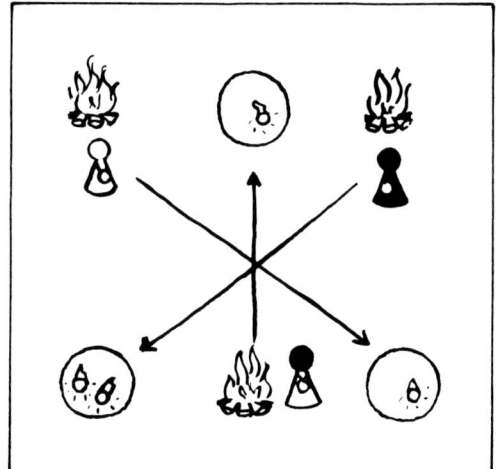

Spielende

 Das Spiel ist beendet, wenn eine Gruppe mit allen fünf Gegenständen beim wandernden Feuer erscheint oder nachdem die festgelegte Zeit abgelaufen ist. Das Spielende wird mit einem akustischen Signal bekannt gegeben.

Spielleitung

Die Spielleitung ist mit einer Gaslaterne ausgerüstet und durchstreift als wanderndes Feuer das Spielgelände. Eine andere Person hält sich an einem zentralen Ort auf.

Bemerkungen

Das Spiel wird stark vereinfacht, wenn auf einem bekannten Gelände gespielt wird.

Varianten

➡ Die fünf Gegenstände können verschiedene Instrumente sein. Wenn eine Gruppe alle fünf Instrumente gefunden hat, üben sie zusammen ein frei erfundenes Instrumentalstück ein. Dieses Stück ist zugleich auch das Schlusssignal.

Gelände	300 m • 300 m
Anzahl	15 Personen, 3 Gruppen
Leitung	2 Personen
Alter ab	14 Jahren
Dauer	2 Stunden

Material

- 3 Kellen
- 3 kg Zinn
- 3 Petroleumlampen
- 3 Becken
- 3 unterschiedliche Zinngiessformen
- 3 Pläne mit Schmelzplatz und Zielort
- Draht, Wasser, Schnur

Ziel, Geschichte

 Die Völker der Sonnenanbetenden beziehen ihre Energie von der Sonne: Sie lieben Licht, Farben, Sonne, alles was glänzt und Wärme ausstrahlt. Der Winter ist für sie eine schreckliche Zeit. Nun haben sie herausgefunden, dass es möglich ist, Sonnenstrahlung in Zinnmedaillons zu speichern.

Deshalb werden grosse Zinnmedaillons gegossen und an Schnüren getragen, damit diese viel Sonne speichern. Dies tun natürlich alle drei Völker, denn alle wollen die schönsten und die meisten Medaillons besitzen!

Vorbereitung

* Für jede Gruppe zwei Plätze bestimmen; den Schmelzplatz, wo ein Feuer entfacht werden kann, und den Zielort, wohin die Gruppen ihre Medaillons bringen müssen. Die beiden Gruppenplätze auf den entsprechenden Plan einzeichnen.

 * Drei Gruppen bilden und Material verteilen.

Spielablauf

Medaillons herstellen

 Jede Gruppe begibt sich zu ihrem Schmelzplatz, wo sie ein Feuer entfacht. So rasch wie möglich müssen Zinnmedaillons hergestellt werden, die zum Zielort transportiert werden müssen. Zu diesem Zweck erhält je-de Gruppe einen Plan, auf dem der Zielort eingezeichnet ist. Jedes Medaillon muss einzeln zum Zielort transportiert werden.

Medaillons gewinnen

 Wenn zwei Personen aufeinander treffen und beide ein Zinnmedaillon tragen, dann müssen sie um die Medaillons spielen (zum Beispiel ein „Schere, Stein, Papier"). Die siegende Person erhält von der gegnerischen Person das Medaillon und kann dieses, nachdem das eigene zum Zielort gebracht wurde, im eigenen Lager einschmelzen, um damit mehr eigene zu giessen.

Spielschluss

  Nach einer bestimmten Zeit oder wenn das Zinn aufgebraucht ist. Am Schluss erhält jede Person ein Zinnmedaillon.

Spielleitung

Die Spielleitung kontrolliert, dass alle Medaillons um den Hals getragen werden und die Duelle fair ablaufen.

Bemerkungen / Schwierigkeiten

Es sollte vor dem Spiel gezeigt werden, wie mit Zinn gearbeitet wird.

Varianten

→ Eine Leitungsperson übernimmt die Rolle des Winters. Dieser kann den Gruppen die Medaillons abnehmen!

Spionage

Gelände	500 m • 500 m
Anzahl	20 Personen, 4 Gruppen
Leitung	5 Personen
Alter ab	12 Jahren
Dauer	2 Stunden

Material

- 4 Pläne
- 20 Nummern (je 5 der gleichen Farbe)
- 20 Sicherheitsnadeln zum Befestigen der Nummern.
- 20 Akten, Mappen mit den gleichen Farben und Nummern beschriftet wie die Nummern.
- 4 Geheimdienst-Ausweise
- 5 Verkleidungen für die korrupten Mitglieder einer Forschungsgruppe

Ziel, Geschichte

 Korrupte MitarbeiterInnen einer Forschungsgruppe haben geheime Akten gestohlen und versuchen diese nun an verschiedene Konkurrenten zu verkaufen. Aber auch der Geheimdienst ist an den Akten interessiert. Alle verfolgen das Ziel, die Akten zu erwerben.

Vorbereitung

* Vier korrupte Mitglieder (Spielleitung) verteilen sich auf dem Spielgelände und verstecken die Akten.

 * Bildung von vier Gruppen. Alle Spielenden befestigen eine Nummer auf dem Rücken (A4-Blatt) in der entsprechenden Gruppenfarbe.

* Jede Gruppe erhält eine Karte, auf der die Reviere der korrupten MitarbeiterInnen eingetragen sind, und ausserdem zu jeder Person drei Hinweise.

* Um die Karten zu übergeben, ruft die Spielleitung eine Person als Vertretung jeder Gruppe zu sich. Bei dieser Gelegenheit wird der Geheimdienstausweis unauffällig überreicht.

 Diese Personen sind also alle beim Geheimdienst.

Spielablauf
Korrupte MitarbeiterInnen

 Die Gruppen machen sich auf die Suche nach den vier korrupten MitarbeiterInnen. Diese halten sich in der Stadt oder im Dorf in einem bestimmten Quartier auf. Sie sind unauffällig gekleidet, besitzen aber Erkennungsmerkmale. Jede Person hat fünf Akten in der Umgebung versteckt. Wird eine korrupte Person erkannt, so erhält die Gruppe einen Hinweis, wo eine Akte versteckt ist. Zuerst muss die Gruppe aber eine Aufgabe lösen.

Spielen um Akten

Jede Gruppe ist eigentlich nur an ihren eigenen Akten interessiert.

 Stossen zwei Mitglieder aus verschiedenen Gruppen aufeinander, können sie mit „Schere, Stein, Papier" um Akten spielen. Es kann um beliebig viele Akten gespielt werden. Niemand darf aber zum Spielen gezwungen werden.

Geheimdienst

 In jeder Gruppe befindet sich eine Vertretung des Geheimdienstes. Die Gruppenmitglieder wissen, dass es sie gibt, aber nicht wer und wo sie sind. Der Geheimdienst bildet gewissermassen eine fünfte eigene Gruppe innerhalb der anderen vier.

Die Mitglieder des Geheimdienstes erwerben Akten, indem sie die Nummer eines Gegners aufrufen und ihm den Geheimdienst-Ausweis vorweisen. Die aufgerufene Person muss die Hälfte der Akten abgeben (ungerade Zahlen auf die nächste gerade abrunden). Das Mitglied des Ge-

heimdienstes zählt danach bis hundert, währenddem sich die andere Person aus dem Staub macht.

 Die Mitglieder des Geheimdienstes können neutralisiert werden, indem ihnen die Akte, die ihre Nummer aufweist, vorgelegt wird. In dieser Situation müssen sie alle ihre Akten abgeben.

Spielschluss

 Gewonnen hat die Gruppe, welche als erste vollzählig mit ihren Akten bei der Spielleitung eintrifft, oder die Gruppe, die nach Ablauf der Spielzeit am meisten Akten besitzt.

Spielleitung

Eine Person an einem zentralen Ort und vier weitere Personen als korrupte MitarbeiterInnen.

Sternenjagd

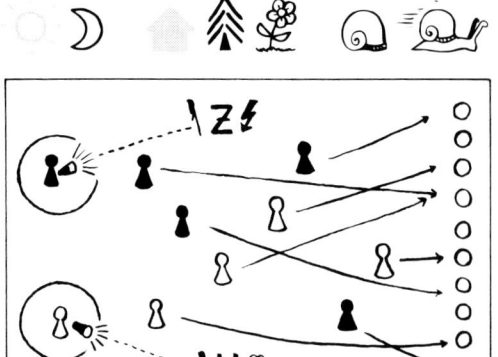

9 • 2 gleiche Sternbildausweise (1 bis 5 Sterne), je einen mit „Hera" den anderen mit „Zeus" bezeichnen.

2 Pläne mit den eingezeichneten versteckten 10 Posten

2 leere Himmelsfelder mit 64 Feldern (8 x 8)

4 kopierte Morseschlüssel

2 Himmelsfelder mit 64 Feldern und den eingetragenen Sternbildern (Beispiel siehe nebenan)

12 Wunderkerzen

2 Raketen

Gelände	300 m • 300 m
	(Offenes Gelände zum Morsen, am Rand die Möglichkeit, Posten zu verstecken.)
Anzahl	18 Personen, 2 Gruppen
Leitung	4 Personen
Alter ab	14 Jahren
Dauer	2 Stunden

Material

4 Taschenlampen

20 Blätter mit Sternbildern, die einen bis acht Sterne enthalten. Je zwei gleiche Blätter herstellen, das eine mit „Zeus", das andere mit „Hera" beschriften. Eventuell Geschichte zum Sternbild dazuschreiben.

Ziel, Geschichte

 Nacht für Nacht zieht ein grossartiges Schauspiel der griechischen Mythologie an uns vorüber. Perseus eilt Andromeda zu retten, Orion tritt dem Ansturm des schnaubenden Stiers entgegen, Bootes hütet die Bären am Pol und das Schiff der Argonauten segelt an ferne Gestade, um das goldene Vlies zu erringen. Abend für Abend tauchen die Sterne wie Zaubergestalten auf, wenn sich die Sonne im Westen zur Nachtruhe begibt. Doch eines Abends zeigten sich die funkelnden Lichter nicht mehr. Nur Zeus und Hera können da noch weiterhelfen: Sie sind die beiden einzigen Sternbilder, die sich durch funkelnde Zeichen bemerkbar machen. Zwei Gruppen können mit Hilfe von Zeus oder Hera die Sternbilder wieder zum Leuchten bringen. Welche Gruppe findet schneller alle sechs Sternbilder heraus?

Vorbereitung

* Verteilen der 10 Posten (je Posten zwei gleiche Sternbilder).
* Zwei Pläne mit den 10 Posten erstellen.

* Die Teilnehmenden ziehen einen kleinen Sternbildausweis. Auf dem Ausweis steht die Gruppenzugehörigkeit „Zeus" oder „Hera" und ein Sternbild mit einem bis fünf Sternbildern.

Spielablauf
Gruppennester „Hera" und „Zeus"

 Beide Gruppen begeben sich mit jemandem der Spielleitung zum Gruppennest „Hera" oder „Zeus". Die Gruppen erhalten dort ein leeres Himmelsfeld mit 64 Feldern, die Formen der Sternbilder und einen Plan mit 10 eingezeichneten Posten.

 Rund einen Kilometer von den Gruppennestern entfernt, aber mit Sichtverbindung zu den Gruppen, haben sich je zwei Personen von der Spielleitung eingerichtet, bereit, ihrer

➡️

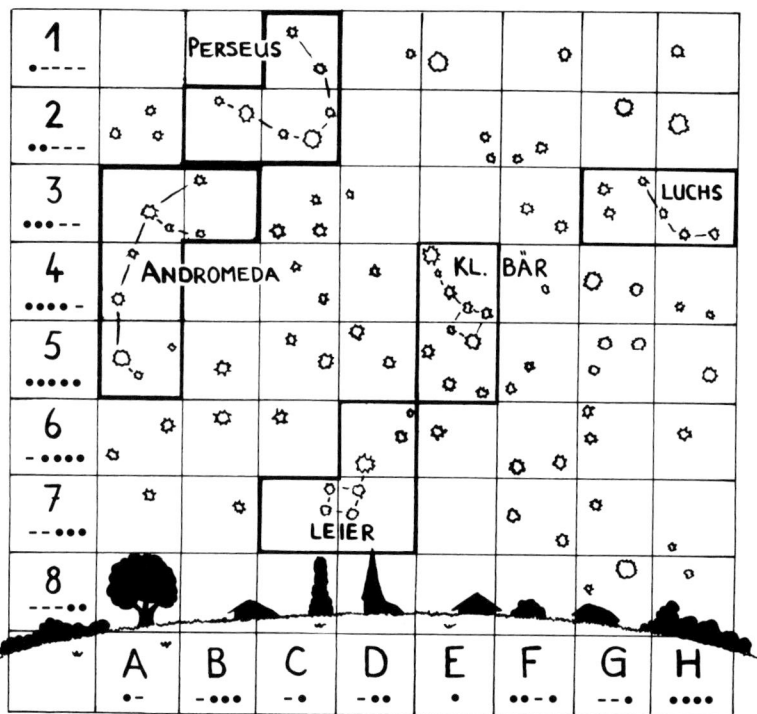

Gruppe zu morsen. Dies sind Zeus und Hera, die wissen, wo sich die Sternbilder befinden. Sie besitzen die ausgefüllten Himmelsfelder. Sobald sich die Gruppe eingerichtet hat, morst sie ihren Namen „Hera" oder „Zeus". Darauf antwortet Hera oder Zeus mit einem Funkeln.

Sternenwissen aneignen

Die Gruppen müssen mit Hilfe von Hera oder Zeus herausfinden, wo sich auf dem leeren Himmelsfeld die Sterne befinden. Bevor gemorst werden darf, muss sich die Gruppe allerdings das entsprechende Wissen aneignen. Dies können die Gruppen tun, indem zehn verschiedene Posten angelaufen werden. Beide Gruppen laufen die gleichen Posten an. Dort befinden sich jeweils zwei gleiche Sternbilder mit der dazugehörenden Geschichte. Das Sternbild, das den eigenen Gruppennamen trägt, darf mitgenommen werden.

Morseschlüssel

Alle Zeichen, die mit Punkt beginnen, sind im linken, jene, die mit Strich beginnen, im rechten zu finden. Wenn den Linien und Punkten gefolgt wird, kann der übermittelte Buchstabe entnommen werden.

Zeus und Hera morsen

Sobald jemand mit dem Sternbild beim Gruppennest eintrifft, darf Zeus oder Hera angemorst werden. Es dürfen so viele Felder nach einem Stern durchforscht werden, wie das mitgebrachte Sternbild Sterne beinhaltet (der grosse Wagen besteht beispielsweise aus 7 Sternen, deshalb dürfen 7 Felder überprüft werden).

Gemorst wird wie folgt:

 Gruppennest fragt an
i, i, i •• / •• / ••

Zeus oder Hera quittiert mit
e = verstanden •

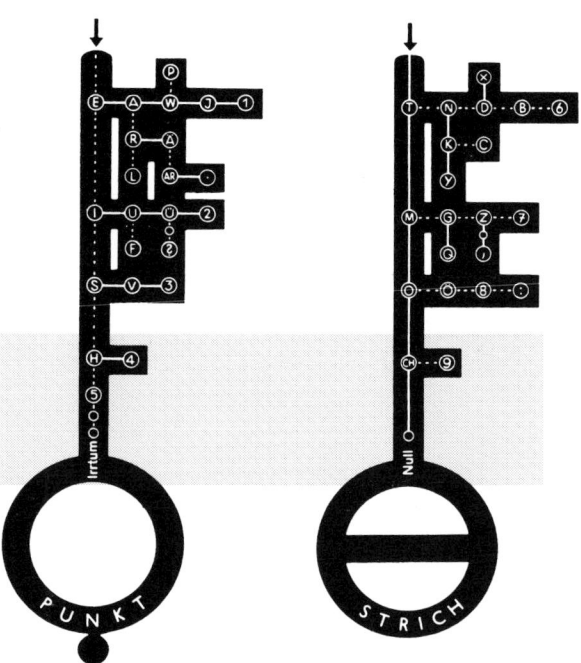

Gruppennest sendet zum Beispiel

B4   – • • • / • • • • –

*Jede Ziffer wird von Zeus oder Hera
quittiert*

e = verstanden   •

t = nicht verstanden –

Zeus oder Hera antworten

X = Stern   – • • –

Y = kein Stern   – • – –

Irrtum   • • • • • • • •

Sobald ein Sternbild enthüllt wird, lässt Zeus oder Hera eine Sternschnuppe losgehen: Die Leitungsperson zündet eine Wunderkerze an und läuft damit umher. Wenn alle Sternbilder enthüllt werden, wird eine Rakete gezündet.

Gewinnen von Informationen

Wenn sich zwei Spielende beim Suchen von Sternposten begegnen, kann eine Person die andere durch eine Berührung zu einem Duell herausfordern. Sie besitzen beide noch immer ihren Sternbildausweis. Diese werden nun vorgewiesen. Die Person, die mehr Sterne auf ihrem Ausweis hat, gewinnt. Jene Person, die verliert, muss mit der anderen zum eigenen Gruppennest und so viele Felder preisgeben wie die Differenz der Anzahl Sterne auf den beiden Ausweisen beträgt. Die Gruppe, die verloren hat, bestimmt, welche Fel-der bekannt gegeben werden. Es müssen aber immer andere Felder sein. Preisgegebene Felder werden daher mit einem Sternchen markiert. Die Sternbildausweise können innerhalb der Gruppe beliebig oft ausgetauscht werden.

Die siegende Person kann nun zum Gruppenplatz zurück. Die gewonnenen Felder können direkt eingetragen werden. Falls aber ein Stern darunter ist, der noch nicht bekannt war, muss dieser Zeus oder Hera dennoch gemorst werden, denn sonst wird die Rakete nie erscheinen. Zeus und Hera können nämlich nicht wissen, welche Felder auf diese Weise herausgefunden wurden.

Spielschluss

Sobald eine Gruppe alle Sternbilder aufgedeckt hat, zündet Hera oder Zeus eine Rakete.

Spielleitung

Zwei Personen sind bei den Gruppen, je eine Person ist Zeus oder Hera.

Bemerkungen / Schwierigkeiten

* Das Morsen sollte geübt werden.

* Hilfreiche Literatur über Sternengeschichten: „Sterne erzählen" von Ian Ridpath, Goldmann Verlag.

Talismansuche

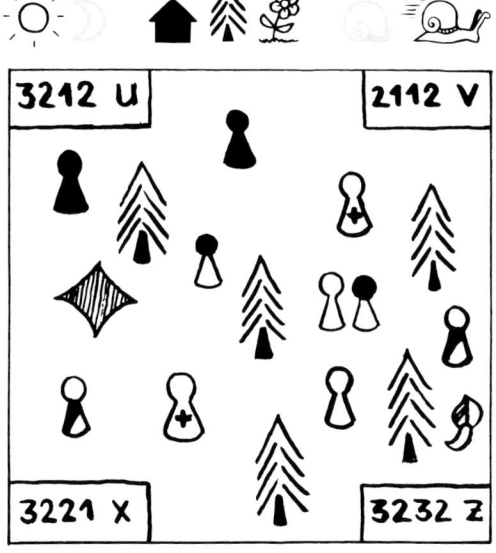

Gelände   300 m • 300 m

Anzahl   16 Personen, 4 Gruppen

Leitung   3 Personen

Alter ab   8 Jahren

Dauer   2 Stunden

Material

4·6   verschiedene Zahlenfolgen auf
      Papier
  4   Fingerfarben und gleichfarbiges
      Papier dazu
  4   Pläne, auf denen je ein Gruppen-
      platz eingezeichnet ist.
  1   Talisman
  1   farbiges Tuch als magisches Tuch
  2   Verkleidungen für Medizinfrauen

Ziel, Geschichte

 Vor Urzeiten wurde in einer von Kel-
ten bewohnten Gegend ein Talisman
versteckt. Diese Information steht in
einem Brief, der auf einer Wande-
rung oder einem Spaziergang „zufällig" gefunden wird. Eine Buchstab-
entabelle ist auf Seite 124 abgebildet. Sechs Zahlenfolgen müssen in
der richtigen Reihenfolge zusammengesetzt werden – dann steht dem
Entschlüsseln der Botschaft nichts
mehr im Weg.

Vorbereitung

* Gruppenplätze mit Papier markieren, Zahlenfolgen hinlegen und die
Gruppennester auf vier verschiedenen Plänen eintragen.

* Talisman verstecken und das magische Tuch irgendwo im Spielgelände aufhängen.

 * Nach der Gruppeneinteilung erhält
jede Gruppe eine Gruppenfarbe.

 * Als Einleitung wird danach eine
Geschichte erzählt, in der ein Talisman vorkommt.

Spielablauf
Erste Zahlenkombination beim
Gruppennest

Jede Gruppe erhält einen Plan, auf
dem das Gruppennest eingezeichnet
ist. Der Weg zum Gruppennest muss
so zurückgelegt werden, dass die
anderen drei Gruppen möglichst
nicht sehen, wohin man geht. Beim

Gruppennest angelangt, findet jede Gruppe eine Zahlenkombination (zum Beispiel: V- 3515291) in vierfacher Ausführung, welche zudem mit einem Buchstaben versehen ist. Um den Standort des Talismans zu entschlüsseln, müssen sechs Zahlenkombinationen gefunden werden, welche die Buchstaben U, V, W, X, Y und Z tragen. Die erste Zahlenkombination kann nun vom Gruppenplatz genommen werden. Die anderen bleiben dort liegen und sind für die anderen Gruppen bestimmt.

Suchen von weiteren Zahlen

Um weiterzukommen, müssen jetzt die anderen Gruppen gesucht werden. Beim Zusammentreffen zweier Gruppen teilt jede Gruppe der anderen mit, wo sich ihr Gruppenplatz befindet. Zu diesem Zweck zeigen die Gruppen einander ihre Pläne. Beide Gruppen versuchen zum anderen Gruppennest zu gelangen, ohne dass die übrigen zwei Gruppen erkennen, wohin sie sich begeben. Haben sie den Gruppenplatz gefunden, kann dort eine weitere Zahlenkombination mitgenommen werden.

Medizinfrauen

Auf dem Spielgelände halten sich zudem zwei Medizinfrauen auf. Jeder dieser Frauen kann durch das Lösen einer Aufgabe ebenfalls eine Zahlenkombination entlockt werden.

Die Lösung fällt leicht, wenn bei der Einleitungsgeschichte aufmerksam zugehört wurde.

Magisches Tuch

Mit etwas Glück findet eine Gruppe das magische Tuch. Wenn die Gruppe im Besitz von diesem Tuch ist, kann sie von einer anderen Gruppe den Plan sehen, ohne den eigenen Plan zeigen zu müssen. Das magische Tuch darf nur einmal benützt werden. Wenn die befragte Gruppe sich so weit entfernt hat, dass sie nicht mehr zu sehen ist, hängt die Gruppe das Tuch im Wald wieder irgendwo auf, so dass es von einer anderen Gruppe gefunden werden kann. Erst wenn das magische Tuch von einer anderen Gruppe benützt und an einem neuen Ort wieder aufgehängt wurde, darf die erste Gruppe das magische Tuch wieder benützen.

Spielschluss

Wenn eine Gruppe alle sechs Buchstabenfolgen hat, kann aus diesen mit etwas Geschick eine Nachricht entschlüsselt werden. Die Nachricht gibt preis, wo der Talisman zu finden ist (Buchstaben bestimmen die Reihenfolge und danach ...). Am Schluss wird am Fundort gemeinsam ein „Friedenstee" getrunken.

→

Spielleitung

Zwei Medizinfrauen und eine Person, die den Austausch von Informationen und die Handhabung des magischen Tuches kontrolliert.

Varianten

⟹ Es können mehrere magische Tücher eingesetzt werden, die unterschiedliche Farbe aufweisen müssen, weil sie von jeder Gruppe nur einmal benützt werden dürfen.

⟹ Die Zahlenreihe kann in mehr als sechs Stücke aufgeteilt werden.

⟹ Das Entschlüsseln kann erschwert werden, wenn die Zahlenfolgen nicht anhand von Buchstaben in die richtige Reihenfolge gebracht werden können.

⟹ Die Tabelle kann auch versteckt werden (beispielsweise ganz gross auf einem Holzbrett aufgemalt und irgendwo im Spielfeld aufgehängt). Vor dem Entschlüsseln muss diese gefunden werden.

U	V	W	X	Y	Z
3515291	41131	23191531	32193	132173333333239	122911342639

Traumfresser

Gelände	400 m • 400 m
Anzahl	18 Personen, 3 Gruppen
Leitung	5 Personen
Alter ab	8 Jahren
Dauer	1 Stunde

Material

16 Gegenstände (4 Bälle, 4 farbige Tücher, 4 Würfel, 4 Kerzen)

4 Verkleidungen für die „Träume" – farbige Hüte und Kleider ...

Ziel, Geschichte

 Im Dorf, in einem Waldstück oder einer Stadt streifen Träume umher. Sie sind durch farbige Hüte, Bänder und Kleider erkennbar. Traumfresser jagen die Träume und entlocken ihnen Gegenstände, mit denen diese neue Träume spinnen.

Vorbereitung

 Bildung von drei Gruppen.

Spielablauf
Träume

 Vier Träume sind im Spielgelände mit je vier gleichen Gegenständen unterwegs. Die Traumfresser wollen den Stoff für neue Träume finden, deshalb suchen sie die vier Träume und entlocken diesen einen Gegenstand. Wenn die Träume bemerken, dass eine Gruppe Traumfresser sie jagt, dann versuchen sie zu fliehen. Wird ein Traum durch die Berührung eines Traumfressers trotzdem aufgehalten, besteht für diese Gruppe die Möglichkeit, einen Gegenstand zu erhalten. Allerdings muss die Traumfressergruppe zuerst einen Traum erzählen, in dem der entsprechende Gegenstand vorkommt. Dabei muss jedes Gruppenmitglied etwas zum Traum beitragen. Jeder Gegenstand darf nur einmal erträumt werden.

Umzug der Bären

Traumfresser

 Jede Traumfressergruppe versucht vier gleiche Gegenstände zu erhalten. Die Gruppen können einander zum Wechsel auffordern. Berührt ein Mitglied der Gruppe jemanden aus einer anderen Gruppe, so müssen beide einen Gegenstand austauschen. Jede Gruppe bestimmt selber, welchen Gegenstand sie der anderen Gruppe geben wollen.

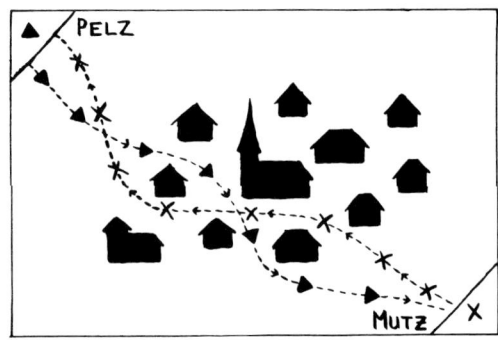

Spielschluss

 Trifft eine Traumfressergruppe beim Fixtraum mit vier gleichen Gegenständen ein, so hat sie gewonnen.

Spielleitung

Vier als Träume verkleidete Personen bewegen sich im Spielgelände. Ein Fixtraum befindet sich an einem festen Ort.

Gelände	1000 m • 300 m
Anzahl	14 Personen, 2 Gruppen
Leitung	2 Personen
Alter ab	10 Jahren
Dauer	2 Stunden

Material

20 grosse Gegenstände zum Umziehen (Bett, Lampe, Gestell, Kessel, Dachbett, Bild, Teppich, Stuhl, ...)

1 Stadtplan für jede Gruppe

Ziel, Geschichte

 Die Bärenfamilien Mutz und Pelz tauschen ihre Höhlen. Die Familie Pelz zieht mit all ihrer Habe (Stühle, Tische, Lampen usw.) zur Höhle der Bärenfamilie Pelz und umgekehrt. Diese Höhlen sind etwa einen Kilometer voneinander entfernt. Dazwischen ist ein Dorf, eine Stadt oder ein Wald.

Vorbereitung

* An zwei Orte werden verschiedene grössere und kleinere Gegenstände hingebracht (Lampe, Stuhl, Tisch, Teppich usw.).

 * Gruppeneinteilung; danach werden die Gruppen durch eine Leitungsperson zum Ausgangspunkt gebracht.

Spielablauf

Die beiden Bärenfamilien wollen nicht öffentlich zeigen, welchen Hausrat sie haben. Weil sie die unförmigen Gegenstände aber nicht in Taschen verstecken können, schicken sie einige Spurenbären voraus. Diese haben von der Spielleitung die Information über den Standort der anderen Bärenfamilie erhalten. Sie legen nun eine unscheinbare Spur zu diesem Standort. Die Art der Spur haben sie vorher mit der Familie ausgeheckt. Eine Viertelstunde nach dem Start der Spurenbären folgt die Familie der Spur. Dabei muss sie ihre Gegenstände möglichst gut verde-

cken (nur mit dem Körper, nicht mit Tüchern), damit diese von der anderen Familie, die zur gleichen Zeit umzieht, nicht gesehen werden. Natürlich muss die Familie dabei auch versuchen, möglichst viele Gegenstände der anderen Familie zu identifizieren.

Wenn die Spurenbären beim neuen Standort angelangt sind, müssen sie zehn Minuten Pause einschalten. Dann dürfen sie umkehren und ihren Familien bei der schwierigen Aufgabe behilflich sein.

Spielende

 Die Bärenfamilien haben 90 Minuten Zeit für den Umzug. Dabei versuchen beide Familien möglichst viele Gegenstände der anderen Familie zu entdecken und selber möglichst keine Gegenstände preiszugeben.

Spielleitung

Zwei Personen bringen die Gruppen zum Ausgangspunkt und sind beim Umzug mit dabei.

⟹

Waldschattenspiel

Bemerkungen / Schwierigkeiten

* Das Spiel muss zeitlich genau durchdacht werden. Die Zeiten müssen genau fixiert werden. Das Spiel macht in Bärenkostümen natürlich viel mehr Spass.

* Wenn die Bärenfamilie nicht alle Gegenstände gleichzeitig tragen kann, muss sie ein Zwischenlager einrichten, damit die ankommende andere Bärenfamilie die Gegenstände nicht findet, welche noch zurückgelassen werden mussten.

Varianten

⇒ Es können mehrere Bärenfamilien zur gleichen Zeit umziehen.

⇒ Bestimmte Kreuzungen müssen während eines bestimmten Zeitraumes (14.45 - 15.00 Uhr) passiert werden.

Gelände	50 m • 50 m (Wald mit möglichst wenig Unterholz, aber dicken Stämmen)
Anzahl	15 Personen, 1 Gruppe
Leitung	1 Person
Alter ab	10 Jahren
Dauer	1 Stunde

Material

1 Schubkarre
1 Glöcklein
* Zeitungen, Zündhölzer, Brennholz eventuell Zwergenverkleidung

Ziel, Geschichte

 Alle Waldzwerge haben entschieden, einander zu treffen. Leider wurde kein Ort vereinbart. Nur eines ist klar: Zwerge mögen kein Licht. Dank dem gelben Fleck im Auge, das übrigens viel besser ausgebildet ist als bei Menschen, sehen die Zwerge bei vollkommener Dunkelheit sehr gut. Zwerge haben ausserdem die Fähigkeit, sich wortlos über grosse Entfernungen hinweg zu verständigen. Der Orientierungssinn ist sehr stark ausgebildet, ein Kompass dient ihnen höchstens als Wandschmuck. Zwerge sind sehr liebenswürdige kleine Wesen.

Vorbereitung

 • Alle verkleiden sich als Zwerge: Der Mann trägt zum Beispiel eine rote Zipfelmütze, einen Vollbart, einen blauen Kittel, einen Ledergürtel mit Werkzeugen und eine bräunlichgrüne Lederhose mit Filzstiefeln. Die Frau trägt zum Beispiel eine schwarze Zipfelmütze, eine graubraune Bluse und einen grünen Rock mit Filzstiefeln. Die Zwerge verteilen sich auf dem Spielgelände.

Spielablauf

 Dieses Spiel wird auf einem sehr kleinen Gelände gespielt. Die Spielleitung ist ein wanderndes Feuer: Eine Schubkarre mit einem kleinen Feuer darin.

 Alle anderen Teilnehmenden sind Zwerge, die sich irgendwo im Schatten treffen wollen. Sie dürfen aber nie ans Licht kommen, sonst müssen sie stehen bleiben, bis sie wieder im Schatten sind.

 Das Feuer beleuchtet einen Teil des Geländes. Die Zwerge dürfen nun nicht ans Licht und können auch kein Licht überqueren. Sie können sich jedoch frei im Schatten bewegen. Jede Minute erklingt ein Glöcklein. Wenn dieses erklingt, müssen alle Zwerge stehen bleiben. Danach bewegt sich das wandernde Feuer einige Schritte in irgendeine Richtung. Dadurch werden neue Bereiche beleuchtet, andere aber fallen wieder ins Dunkel. Nach einem zweiten Erklingen des Glöckleins können sich die Zwerge wieder bis zum nächsten Erklingen bewegen, aber immer nur im Schatten.

Spielschluss

 Sobald sich alle Zwerge irgendwo im Schatten, zum Beispiel hinter einem grösseren Gebüsch, gefunden haben.

Spielleitung

Das wandernde Feuer.

Varianten

⇒ Die Zwerge und das „Feuer" dürfen immer nur 10 Schritte machen.

Welches ist die richtige Schatzkiste?

250 kleine Zettelchen in fünf verschiedenen Farben

100 Goldstücke (Goldsteine, ...)

2 Ringe

Gelände	300 m • 300 m
Anzahl	25 Personen, 5 Gruppen
Leitung	6 Personen
Alter ab	10 Jahren
Dauer	2 Stunden

Material

10 verschliessbare Kisten mit zehn Schlössern und mindestens sechs verschiedenen Attribute (gross oder klein, goldenes oder silbernes Schloss, Metall oder Holz, schwer oder leicht, Blatt angeklebt, Geldgeräusche im Innern, Knoblauchgeruch, Blume an die Kiste geheftet). Jedes Attribut sollte auf fünf Kisten zutreffen.

Ziel, Geschichte

 Eine alte Königin will ihr Zepter weitergeben. Dazu möchte sie entweder ihre Tochter oder ihren Sohn mit jemandem aus den fünf Burgherrenfamilien verheiraten. Natürlich wollen alle Familien die neue Königin oder den neuen König stellen, um Einfluss im Königreich zu bekommen. Die Aufgabe für die Familien besteht darin, aus zehn Schatzkisten diejenige herauszufinden, welche die zwei Hochzeitsringe enthält. Die Kisten sind mit Schlössern versehen und können während des Spieles nicht geöffnet werden. Anhand der Attribute, kann die richtige Kiste gefunden werden.

Vorbereitung

* Die zehn Kisten verstecken.
* 20 Goldstücke im Gelände verteilen.

* Die Teilnehmenden werden in fünf
Burgherrenfamilien eingeteilt; jede
Person erhält 10 kleine Zettel in der
jeweiligen Gruppenfarbe.

Spielablauf
Auftrag der Königin

Die Burgherrenfamilien bekommen
den Auftrag von der Königin. Um
diesen zu erfüllen, erhält jede Gruppe zehn Goldstücke. Weitere Goldstücke sind im Wald zu finden, aber
auch beim Hofnarr, bei der Henkerin,
beim Schlossgespenst oder beim
Koch zu verdienen. Jede Gruppe begibt sich zu ihrem Gruppennest und
denkt sich einen Gruppenschrei aus.

Suchen und Tauschen der
Schatzkisten

Zuerst sucht sich jede Gruppe im
Wald zwei Kisten und trägt diese
zum Gruppenplatz. Nun gilt es, möglichst jede Kiste einmal in das eigene Lager zu bringen, damit jede Kiste genau unter die Lupe genommen
werden kann. Das geht folgendermassen: Mindestens zwei Personen

der eigenen Burgherrenfamilie müssen ein Mitglied einer anderen Familie vom Boden aufheben und dabei den Gruppenschrei ausstossen.
Die betroffene Person muss den Fän-
gern einen farbigen Zettel geben. Mit
drei gleichfarbigen Zetteln kann bei
der jeweiligen Burgherrenfamilie eine Kiste nach freier Wahl abgeholt
werden. Die Kiste wird im eigenen

⟶

Lager untersucht und verwahrt. Eine Gruppe darf nie mehr als drei Kisten bei sich im Lager haben. Die überzähligen Kisten müssen im Wald versteckt werden, wo sie von einer anderen Familie gefunden werden können.

Hofnarr, Henkerin, Schlossgespenst und Koch

Der Hofnarr, das Schlossgespenst, die Henkerin und der Koch bewegen sich frei im Spielgelände. Sie verteilen nach dem Beantworten einer Frage oder dem Lösen einer Aufgabe wertvolle Informationen, die das Bestimmen der richtigen Kiste erlauben. Beispielsweise könnte der Koch als Information sagen, dass die richtige Kiste das Attribut „goldenes Schloss" nicht hat. Informationen können auch gekauft werden, den Preis bestimmen diese Personen selber.

Schatzkistenbörse

Eine halbe Stunde und eineinhalb Stunden nach Spielbeginn öffnet die Börse ihre Tore. Während den Öffnungszeiten ist das Fangen anderer Familienmitglieder unterbrochen. Alle werden zusammengerufen und bringen ihre Kisten mit. Danach wird eine Kiste nach der anderen versteigert. Die Kistennummer wird von der Börsenmaklerin aufgerufen, worauf die Gruppenvertretungen dafür Angebote machen können. Die Gruppe, die momentan im Besitz der Kiste ist, kann entscheiden, ob sie die Kiste zum gebotenen Preis verkaufen will oder nicht. Kann eine Gruppe den gebotenen Preis nicht bezahlen, muss sie das ganze Vermögen zeigen und so die anderen über ihre finanziellen Mittel ins Bild setzen. Fünf Minuten nach Börsenschluss geht das Spiel normal weiter.

Spielschluss

Nach einer bestimmten Zeit wird das Spiel abgebrochen. Jede Gruppe muss mindestens eine Schatzkiste besitzen. Die Königin verteilt die Schlüssel, um die Schlösser aufzumachen.

Die Gruppe, welche die Schatzkiste mit den beiden Ringen öffnet, hat gewonnen.

Ein königliches Fest kann dieses aktiv-ruhige Spiel beschliessen.

Spielleitung

Die Königin, deren Dienstpersonal (Hofnarr, Henkerin, Schlossgespenst, Koch) und eine Börsenmaklerin.

Weltraumpoly

Gelände	1 km • 1 km
Anzahl	16 Personen, 4 Gruppen
Leitung	4 Personen
Alter ab	12 Jahren
Dauer	2 Stunden

Material

  4 Telefonkarten

  4 Stadtpläne mit 30 eingezeichneten Stationen

  • Papier und Bleistift für jede Gruppe

Ziel, Geschichte

Auf der Suche nach Energie benötigt das Raumschiff Andromeda zahlreiche Andockmöglichkeiten bei verschiedenen Sternen. Je erfolgreicher eine Raumschiffbesatzung bei der Suche nach Andockstationen ist, desto kleiner wird das Risiko, dass ihr die Energie ausgehen wird.

Vor einigen Tagen empfing das Raumschiff Andromeda zufällig eine verschlüsselte Nachricht. Sie enthielt eine Liste von 30 Andockstationen, die noch zu kaufen sind. Die Besatzung wird nun in vier Gruppen eingeteilt, alle mit dem Auftrag, möglichst viele dieser 30 Stationen zu kaufen und dem Mutterschiff jederzeit einen Platz freizuhalten. Dafür erhalten sie ein Startkapital von 300 Andromedas.

Vorbereitung

  • 30 Telefonkabinen suchen, den Standort auf einem Plan einzeichnen und die Telefonnummer auf einem separaten Blatt festhalten.

  • Bildung von 4 Gruppen. Jede Gruppe erhält einen Plan mit 30 Andockstationen (Telefonkabinen), die Telefonnummer der Andromedabank (Büro, Telefonkabine oder Natel), sowie Papier und Bleistift.

⟹

Spielablauf

Stationen kaufen

 Jede Gruppe versucht so viele Andockstationen wie möglich zu kaufen. Eine Station kann gekauft werden, indem vom entsprechenden Telefonapparat die Andromedabank angerufen wird. Wenn die Gruppe die Stationsnummer (Telefonnummer) angibt, dann wird diese Gruppe bei der Bank als Besitzerin eingeschrieben, und vom Guthaben werden 60 Andromedas abgezogen.

Verkaufte Stationen

 Telefoniert eine Gruppe von einer bereits verkauften Station, so wird dieser Gruppe 30 Andromedas Miete abgezogen. Dieser Betrag wird der Gruppe gutgeschrieben, welche die Station besitzt.

Andromedabank

Jede Gruppe erhält auf der Andromedabank ein Startkapital von 300 Andromedas. Dieses wird durch die Bank verwaltet. Bei jedem vierten Gruppenanruf werden der entsprechenden Gruppe 40 Andromedas Prämie gutgeschrieben.

Spielschluss

Nach einer bestimmten Zeit. Die Andromedabank kauft jeder Gruppe ihre Stationen für 60 Andromedas ab und errechnet das Andromedavermögen jeder Gruppe.

Spielleitung

Zwei Personen besetzen die Andromedabank, eine Person ist im Spielgelände unterwegs.

Varianten

⟹ Durch das Lösen von Aufgaben können zusätzliche Andromedas gewonnen werden.

⟹ Die einzelnen Stationen haben unterschiedliche Kauf- und Mietpreise. Diese sind den Gruppen aber nicht bekannt.

⟹ Die Stationen sind in 6 Gebiete zu 4 bis 5 Stationen eingeteilt. Hat eine Gruppe alle Stationen eines Gebietes, wird die Benützungsgebühr erhöht. Die Stationen können unter den Gruppen weiterverkauft werden. Der Verkauf ist gültig, sobald die Andromedabank von beiden Gruppen einen Anruf erhalten hat und von beiden Gruppen der gleiche Preis genannt wurde.

Wem gehört Freiburg?

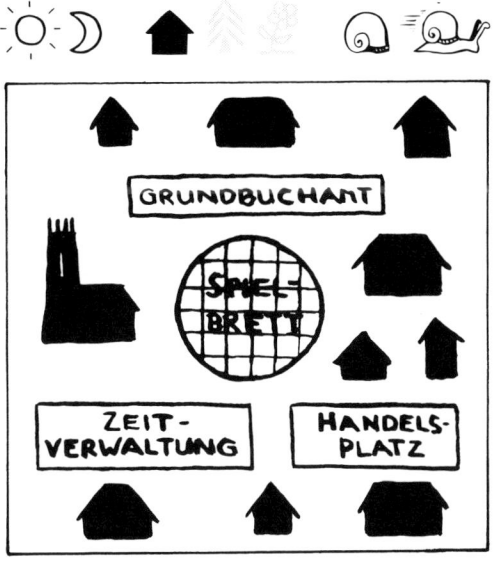

1 Stadtplan pro Gruppe
1 grosser Würfel
1 Spielfigur pro Gruppe
* verschiedenfarbiges Papier
* Kreide

Gelände	2 km • 2 km
Anzahl	15 Personen, 3 Gruppen
Leitung	3 Personen
Alter ab	12 Jahren
Dauer	3 Stunden

Material

15 Tageskarten der städtischen Verkehrsbetriebe
30 Platzkarten: Kartenausschnitte von Plätzen mit einer Frage
1 Stoppuhr pro Gruppe
1 Kriterienliste für die Platzbewertung mit 8 Kriterien: Kirche, Brunnen, Bäume, Bushaltestelle, Spielplatz, Einkaufsmöglichkeiten, Fussgängerzone, Restaurant

Ziel, Geschichte

 Verschiedene Spekulanten der ganzen Stadt reissen sich seit langem um deren Boden. Regie-, Treuhand- und Spekulantenbüros treffen sich zur Aufteilung des Stadtbodens. Ohne viel Zeit zu verlieren, versuchen die Gruppen verschiedene Plätze der Stadt zu ergattern. Dies geschieht einerseits durch das Beantworten von Fragen beim Platz selber oder durch das Erhandeln verschiedener Plätze bei der Konkurrenz.

Vorbereitung

* Plätze suchen; zu jedem Platz eine Frage notieren, die nur dort beantwortet werden kann.
* An einem zentralen Platz wird ein Spielfeld von fünf Metern Durchmesser aufgezeichnet. Es besteht aus

zirka 50 Feldern, die mit Kreide auf den Boden gezeichnet sind. Die Felder sind als Weg angeordnet, sodass das letzte wieder mit dem ersten verbunden ist. Es gibt vier verschiedene Feldarten, die durch unterschiedliche Farben erkennbar sind (15 blaue, 5 grüne, 5 gelbe, 25 weisse).

* Rund um das Spielfeld wird ein Grundbuchamt, eine Zeitverwaltung und ein Handelsplatz eingerichtet.

* Die Teilnehmenden werden in Gruppen zu fünf Personen eingeteilt und suchen sich einen Namen (z.B. Progestion & Co., ...).

Spielablauf

Jede Gruppe erhält bei der Zeitverwaltung 100 Minuten gutgeschrieben. Spielbeginn ist beim Spielfeld. Die erste Gruppe würfelt und schiebt ihre Figur der Augenzahl entsprechend auf ein Feld. Die Farbe des Feldes gibt darüber Auskunft, was jetzt passiert:

Weisses Feld

Nichts passiert, die nächste Gruppe kommt an die Reihe.

Blaues Feld

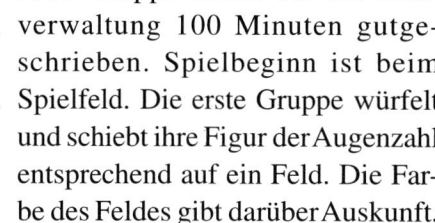
Die Spielleitung gibt der Gruppe vom Stapel eine Platzkarte mit einer Frage, welche nur auf dem entsprechenden Platz beantwortet werden kann (Beispiel: Wer wohnt im vierten Stock des Hauses Nummer 34). Sobald die Gruppe die Platzkarte hat,

wird bei der Zeitverwaltung die jeweilige Gruppenuhr gestartet. Die Uhr wird erst dann wieder gestoppt, wenn die Gruppe vollzählig zurück ist. Die Gruppe zieht also los, zu Fuss oder mit dem Bus, um ihren Platz aufzusuchen, die Frage zu beantworten, den Platz entsprechend der Kriterienliste zu untersuchen und am Schluss beim Grundbuchamt durch die Beantwortung der Frage als ihren Platz einzuschreiben. Wird die Frage falsch beantwortet, kann der Platz nicht eingeschrieben werden.

Grünes Feld

Dies ist das Handelsfeld. Wer auf ein grünes Feld kommt, darf eine andere Gruppe zum Handeln auffordern. Die aufgeforderte Gruppe muss ihre Plätze zum Handeln anbieten. Es wird um einen Platz jeder Gruppe gespielt. Der Handel wickelt sich wie folgt ab:

Beide Gruppen legen je einen ihrer Plätze auf den Handelsplatz, dazu eine Anzahl Minuten, die sie noch besitzen. Wer mehr Minuten setzt, erhält beide Plätze, die Verlierergruppe erhält alle gesetzten Minuten. Beim Handeln muss immer ein Mitglied der Zeitverwaltung und ein Mitglied des Grundbuchamtes anwesend sein.

Gelbes Feld

Dies ist ein Freibillett. Ohne Zeitmessung kann ein Gruppenmitglied allein mit einer Platzfrage losziehen, während der Rest der Gruppe weiterspielt.

Zeitverwaltung

 Jede Gruppe besitzt zu Beginn 100 Minuten. Die Zeitverwaltung misst, wie lange eine Gruppe unterwegs ist und zieht den entsprechenden Betrag vom Gruppenkonto ab. Zudem wird die gewonnene oder verlorene Zeit bei jedem Handel verbucht.

Grundbuchamt

Das Grundbuchamt verwaltet alle Plätze und schätzt diese nach der vorhandenen Kriterienliste ein. Jeder Platzwechsel wird notiert und auf einer Übersicht dargestellt.

Plätze nach Kriterien untersuchen

 Wenn eine Gruppe einen Platz auf dem Grundbuchamt einschreiben will, muss diese beantworten, welche Kriterien (Brunnen, Spielplatz, Kirche, ...) aus der Kriterienliste der Platz erfüllt. Je mehr zutreffen, desto wertvoller ist der Platz. Wenn beispielsweise 5 Kriterien zutreffen, erhält der Platz 5 Punkte. Jede Gruppe muss versuchen mit ihren Plätzen möglichst alle Kriterien zu erfüllen. Deshalb dürfen die Gruppen untereinander auch Plätze tauschen und allenfalls mit Zeit bezahlen.

Spielschluss

 Das Spiel wird nach einer gewissen Zeit abgebrochen. Gewonnen hat, wer am meisten Plätze mit je einem anderen Kriterium aufweisen kann. Gezählt werden ausserdem die Wertpunkte der Plätze und wie viel Zeit (Guthaben) eine Gruppe noch hat.

Spielleitung

Die Spielleitung übernimmt die Rollen der Zeitverwaltung und des Grundbuchamtes. Zudem leiten eine bis zwei Personen das Spiel.

Bemerkungen / Schwierigkeiten

Das Spiel wird in einer Stadt durchgeführt, die Teilnehmenden sind verschiedenen Gefahren ausgesetzt. Für das Spiel sollte eine Zeit gewählt werden, in der das Verkehrsaufkommen möglichst klein ist. Die Teilnehmenden müssen auf die Gefahren in der Stadt aufmerksam gemacht werden.

Varianten

⟹ Mit einer speziellen Aufgabe kann Zeit verdient werden.

Zwergenprüfung

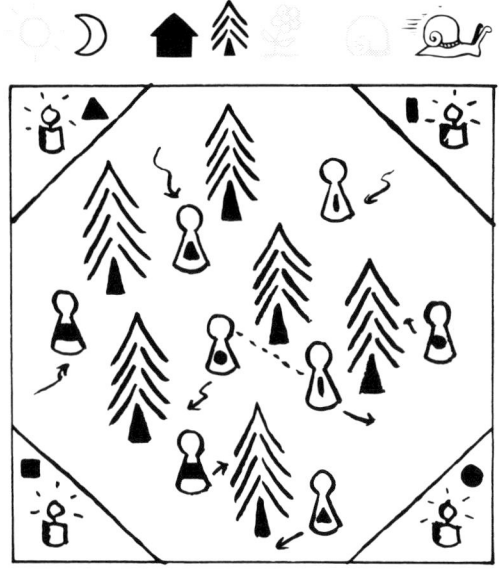

Gelände	300 m • 300 m
Anzahl	24 Personen, 4 Gruppen
Leitung	3 Personen
Alter ab	12 Jahren
Dauer	2 Stunden

Material

- 40 Katzenaugen (im Fahrradhandel erhältlich)
- 4 Rollen Papierklebband
- 24 Zettel mit 4 verschiedenen Symbolen (Quadrat, Dreieck, Stern, Kreis)
- 24 Taschenlampen, eine pro Person
- 4 TeilnehmerInnenlisten
- 4 Schreibstifte
- 4 Campingkerzen

Ziel, Geschichte

 Zwerge sind nur noch sehr selten zu sehen und wagen sich kaum an die Oberfläche. Deshalb soll eine kleine Gruppe Menschen dazu ausgebildet werden, Zwerge wahrzunehmen und zu verstehen. Die Teilnehmenden werden in vier Gruppen eingeteilt, welche die Zwergenprüfung zu bestehen haben. Ziel ist es, sich möglichst wie ein Zwerg zu verhalten: Zwerge sind sehr fair, sehen ohne Licht sehr gut in der Nacht, sind geschickt, arbeiten in einem Team zusammen und singen gerne. Wenn die Teilnehmenden sich wie Zwerge verhalten können, dann haben sie die Zwergenprüfung bestanden und ein Zwerg wird ihnen zur bestandenen Prüfung gratulieren.

Vorbereitung

- Gruppennester einrichten.
- Katzenaugen aufhängen.

Spielablauf
Einstig

Als Einstieg wird den Teilnehmenden eine Zwergengeschichte erzählt, vielleicht eine Sage aus der Region. Zudem kann den Teilnehmenden erzählt werden, warum die Zwerge rote Zipfelmützen tragen, wie gross sie sind, weshalb sie so spitze Ohren haben, ... (der Phantasie sind keine Grenzen gesetzt).

Zwergennest aufsuchen

 Jede Person zieht einen Zettel. Die anderen dürfen nicht sehen, welches Symbol darauf steht. Allen wird mitgeteilt, wo sich die Zwergennester für die jeweiligen Symbole befinden. Nach der Spielerklärung begibt sich jede Person zu ihrem Zwergennest. Die anderen sollen nicht herausfinden können, wohin man geht. Das Zwergennest wird mit einer Kerze beleuchtet. Zudem liegt dort eine Liste aller Teilnehmenden.

 Beim Zwergennest angekommen, muss ein Lied ausgemacht und das Symbol mit Papierklebband gut sichtbar auf den Rücken geklebt werden. Nachdem die Taktik besprochen wurde, kann mit dem Spiel begonnen werden.

Wer ist in welcher Gruppe?

 Jede Gruppe singt ihr Lied, sobald sie bereit ist. Wenn alle vier Lieder ertönt sind, beginnt das Spiel. Jede Gruppe muss anhand der Symbole, die alle auf den Rücken geklebt haben, herausfinden, wer in welcher Zwergengruppe ist. Alle werden also versuchen möglichst viel zu sehen ohne dabei selbst gesehen zu werden: Die Taschenlampe wird nur benützt, wenn sich die Gelegenheit ergibt, jemanden von hinten zu beleuchten, um herauszufinden, zu welcher Gruppe die jeweilige Person gehört.

 Im Gelände wurden zudem Katzenaugen aufgehängt (Katzen sind Freundinnen der Zwerge), die gesammelt werden müssen.

 Sobald eine Gruppe alle Personen zuordnen kann, singt sie wiederum bei ihrem Zwergennest ihr Lied. Alle Zwerge müssen sofort zu ihrem Nest zurückkehren, dort gibt ein von der Spielleitung auserwählter und während des Spieles informierter Zwerg folgenden Auftrag:

 Mit den ersten zwei Buchstaben der Vor- und Nachnamen aller Gruppenmitglieder müssen in zehn Minuten möglichst viele Wörter gebildet werden. Jedes gesammelte Katzenauge darf als Joker eingesetzt werden.

Spielschluss

 Alle treffen sich bei einem Lagerfeuer und jede Gruppe gibt bekannt, wieviele Wörter sie bilden konnte. Alle erhalten einen Zwergentrank zur bestandenen Prüfung und ein Zwerg gratuliert ihnen dazu. Danach kann ein gemütliches Singen am Lagerfeuer den Abend beschliessen.

Spielleitung

Ein Informationszwerg läuft mit einer Laterne in der Gegend umher. An ihn können Fragen gerichtet werden. Zwei Kontrollzwerge überprüfen die Teilnehmenden, ob sie ihre Symbole befestigt haben. Ansonsten muss die Gruppe zur Strafe einige Katzenaugen zurückgeben.

Für den letzten Check, das Wichtigste in Kürze

Die Spannung und der Erfolg eines Geländespiels hängen ab von:

* einer interessanten, altersgerechten und gut verpackten Spielidee.
* durchdachten und genau erklärten Spielregeln.
* der Spielleitung.
* der Geländegrösse und Geländeform.
* Spielgeist und Motivation der Teilnehmenden.
* der Beschäftigung der einzelnen Spielenden.

Vor dem Spiel

* Gelände auskundschaften (Betroffene informieren; abklären, ob es ein Jagdrevier, Militärschiessplatz oder ein Naturschutzgebiet ist).
* Wenn nötig das Spielfeld abgrenzen.
* Posten mit Namen und Datum versehen.

Einstieg

* Einstimmung der Teilnehmenden.
* Ausgangslage wird vertraut.
* Annehmen einer Rolle (schminken, verkleiden).

Spielerklärung

* Spielregeln und -situationen vorspielen oder grafisch darstellen.
* Spiel von verschiedenen Standpunkten her erklären.
* Genügend Zeit einräumen.
* Kinder Fragen stellen lassen.

Spielregeln

* Spielregeln sorgfältig durchdenken.
* Was nicht untersagt ist, ist erlaubt.
* Es gibt Regeln, welche die Spieldynamik beeinflussen und solche, die zur Sicherheit dienen.
* Ausartung verhindern, aber genügend Spielraum gewähren, um Strategien entwickeln zu können.

Diese Checkliste liegt diesem Buch auch als Buchzeichen bei.

Gruppenbildung

* Braucht es gleich starke oder zufällig zusammengesetzte Gruppen?
* Vor Spielbeginn Zeit zum Verteilen der Rollen und Besprechen der Strategie in der Gruppe.

Spielleitung

* Eine Person und die Erste-Hilfe-Ausrüstung befinden sich an einem zentralen Ort und können von den Spielenden jederzeit aufgesucht werden.
* Wenn nötig durchstreifen weitere Personen das Spielgelände und regeln Unklarheiten.

Spielgelände

* Die Grenzen auf eine Karte einzeichnen oder das Gelände gut sichtbar markieren.
* Möglichst markante natürliche Grenzen benützen.
* Vorsicht: Das Spielgelände wird meistens zu gross gewählt.

Spielbeginn und -ende

* Der Spielbeginn und das Ende müssen eindeutig sein: Akkustisches Signal oder genaue Zeitangabe.
* Den Spielenden soll klar sein, wo sie sich bei Spielbeginn/-ende hinbegeben müssen.

Spieldauer

* Die Spielerklärung, die Gruppenbildung und den Schlusspunkt in die Spieldauer miteinbeziehen.
* Spannung muss stets aufrechterhalten bleiben (Problem bei längeren Spielen).
* Nur der Spieldauer wegen soll das Spielfeld nicht vergrössert werden.

Schlusspunkt

* Resultate bekannt geben, Rollen ablegen und Gespräche zulassen.
* Nicht die siegende Gruppe, sondern das gemeinsame Erlebnis in den Vordergrund stellen.

Lucas Pepe Cadonau, Jürg Tinto
Bläuer und Circus Balloni
Capriolen
Zirkushandbuch
176 Seiten, ISBN 3-7252-0655-4

Ein Werkbuch von Profis für
Zirkus-Laien, die mit Kindern und
Jugendlichen Zirkus gestalten
möchten: Akrobatik, Jonglieren,
Clownerie, Magie, Tiernummern
und mehr kinderleicht gemacht!

Dani Burg
querdurch
Erlebnispädagogik in Schule
und Freizeit
112 Seiten, ISBN 3-7252-0670-8

Erprobte Projekte für
8-16-Jährige auf ihrer Suche
nach Ich-Stärke und Identität
zu Themen wie Konsum, Sucht,
Ökologie, Fremdenfeindlichkeit,
virtuelle Welten. Nichts wie raus
aus dem Schulzimmer und
rein ins Erlebnis!

Stocker Christa
Mit Sherlock Holmes auf Käferjagd
und 99 andere coole Spiele im Wasser, Gelände und auf Plätzen
96 Seiten, ISBN 3-7252-0612-0

Tolle Tips und einfache und praxiserprobte Anleitungen für spannende und lustige Gruppenspiele im Freien. Ein ideales Hilfsmittel für LehrerInnen, Eltern, JugendleiterInnen und alle, die mit Gruppen von 6-20 jüngeren und älteren Kindern spielen wollen.

Hofstetter Madlen
Kochen für Gruppen
Rezepte und Tips
96 Seiten, ISBN 3-7252-0585-X

Wer für 10, 50 oder 100 Leute kochen soll, findet hier über 200 geeignete Rezepte und darüber hinaus wertvolle Tips zur Planung und Organisation der Küche an einem Fest, in einer Schulverlegung, in einem Kinderlager oder einer Jugendfreizeit: Einfache Rezepte mit Pfiff, vom Frühstück über Vorspeisen zu Hauptmahlzeiten und Nachspeisen, mit vielen nützlichen Tabellen und weiteren Hilfen.

Philipp Bucher-Zimmermann/
Tina Pünchera
Ferienlager NATÜRlich!
Praktische Ökologie in Schule
und Jugendfreizeit
128 Seiten, ISBN 3-7252-0663-5

Landschulwochen, Freizeiten und
Lagertage bieten eine einzigartige
Möglichkeit, jungen Menschen um-
weltverträgliche Lebensgestaltung
näher zu bringen. Das vorliegende
Buch liefert dazu die praktische
Pädagogik. Erkenntnis und Lebens-
haltung durch Spass und Erlebnis –
ohne Moralin!

Manfred Kaderli & Team
kennen und können
Technikhandbuch für
Jugendgruppen und Lager
ca. 360 Seiten,
ISBN 3-7252-0667-8

Vollständige Neuausgabe des vergrif-
fenen Klassikers! Als Methodik-
Handbuch und Nachschlagewerk un-
entbehrlich, mit ca. 600 erläuternden
Zeichnungen, tollen Tricks und
Kniffs. Themenschwerpunkte: Lager-
bau, Seiltechnik, Orientieren, Kochen
im Freien, Sicherheit und Erste Hilfe.